Para Angie con mucho cariño, para que sigas

Amigos

cuidando a tus amigos de tan bien o mejor como lo haces ahora

Gracias por todo lo que me ayudas

SARDI

PALABRA

Colección: dBolsillo
Director de la colección: Darío Chimeno

Paseo de la Castellana, 210 - 28046 MADRID (España)
Telf.: (34) 91 350 77 20 - (34) 91 350 77 39
www.palabra.es
epalsa@palabra.es

Diseño de portada: Raúl Ostos
ISBN: 978-84-9061-155-5
Depósito Legal: M. 34.164-2014
Impresión: Gohegraf, S.L.
Printed in Spain - Impreso en España

Covadonga, Fidel, Rafa,
Alfredo, Diego y Bosco,
quienes con su sincera amistad
y su risueña fe cristiana
han inspirado estas líneas.

ÍNDICE

INTRODUCCIÓN

Tener buenos amigos y *ser feliz* son dos profundas aspiraciones humanas que nunca mueren.

Ahora bien, no es fácil tener buenos amigos. Ni tampoco es fácil ser feliz. Las dificultades surgen principalmente del *saber* y del *querer*. De saber *cómo* tener buenos amigos y de saber *cómo* ser feliz. Y también del *querer*. De querer poner los medios necesarios para lograr ambos objetivos. Porque no basta con desearlo para tener buenos amigos o para ser feliz, como no basta con desear la salud para estar sano. Hemos de saber qué hay que hacer y luego... hay que poner los medios adecuados.

Lo eficaz es pensar un poco sobre ambos asuntos y pedir consejo a quien lo pueda proporcionar hasta aclararse. Después, ponerse manos a la obra. La improvisación –*«vivir sobre la marcha»*– no da buenos resultados, porque la vida es corta y conviene acertar pronto a vivirla felizmente. Dejar lo importante de la vida para *«más adelante»* es peligrosa insensatez.

Todo esfuerzo para poner por obra las nociones básicas acerca de la Amistad o acerca de la Felicidad da buenos resultados. ¿Quién no ha experimentado que *«un buen amigo es un tesoro»* y que con él se disfruta más de la existencia que cuando se vive acompañado únicamente por la propia soledad? ¿No es cierto que con un amigo las alegrías se multiplican por dos y las penas se reducen a la mitad? Y algunas penas hasta llegan a desaparecer.

Ahora bien, entre todos los amigos que podemos tener en la vida, hay uno especial que, además, es el mejor: Jesucristo. Solo Él, por ser Dios y hombre al mismo tiempo, nos conoce y quiere –nos ayuda y alegra la vida– mejor que nadie. Mejor aún que nosotros mismos.

La amistad con Él puede comenzar ya en esta tierra y culminar felizmente en el Cielo, porque *«la respuesta a su deseo de amistarse conmigo depende solamente de mí»*. Como ocurre en toda amistad, la decisión de ser su amigo conlleva exigencia y compromiso, pero es la mejor inversión que podemos hacer con la propia vida porque rinde, ya en esta tierra, el ciento por uno. Y después, una nueva y gozosa vida eterna.

Se trata, por tanto, de ser un buen amigo de los amigos y de vivir también en estrecha amistad con Jesucristo. La felicidad de una vida así vivida es insuperable porque, si todo amor noble produce felicidad, la amistad con Cristo –que todo lo aclara, que nunca falla, que siempre perdona y que todo lo puede– conlleva una alegría divina que nos hace dichosamente felices. Con Él siempre estamos bien acompañados.

I. SER AMIGOS

1. Conocerse

Ser amigo es una tarea, un *quehacer.* Un quehacer atractivo pero laborioso, porque requiere tiempo y esfuerzos renovados, dedicación. En este quehacer ayudan mucho la simpatía y el caerse bien, pero la vida enseña que *«no basta ser simpático ni caerse bien»* para que dos personas logren ser amigas. Hay que avanzar algunos pasos más. El primero, conocerse lo mejor posible. Y, para lograrlo, los futuros amigos deberán tratarse con asiduidad, porque no se puede conocer a nadie en dos días.

Conocer a otro es saber «lo suficiente» acerca de él como para poder afirmar que lo conocemos *bien*. Es decir, que conocemos lo más importante de su vida actual y pasada y sus planes de futuro. Y, más en concreto, que conocemos bien su situación familiar y profesional, sus gustos y aficiones, sus prioridades existenciales, sus creencias, sus defectos y sus virtudes. Y sus aspiraciones profesionales, sus ilusiones. Y también sus desengaños y fracasos. Cada uno somos lo que somos con nuestra propia biografía y con nuestros personales proyectos de futuro. Y quien no nos conozca así no debe pensar que nos conoce suficientemente bien.

Ahora bien, para conocerse bien y llegar a amistarse no basta con recabar datos del posible futuro amigo. Se requiere adquirir y adoptar una decidida *actitud acogedora*. Es decir, es necesario poseer un corazón que sepa acoger. La inteligencia conoce, discierne y evalúa, pero solo con el corazón acogemos, comprendemos y apreciamos a los demás, porque toda persona, todo amigo, tiene algo de inefable. «*El tú no puede ser pensado: es accesible tan solo al amor*».

2. *Aprecio y afecto mutuos*

No existe el amor a primera vista, porque «*nada se puede amar bien si antes no se conoce*». De la convivencia, del trato con otras personas, surge el conocimiento mutuo. Y del conocimiento mutuo pueden surgir la indiferencia, el rechazo o el aprecio: un apreciarse mutuamente. Luego, junto con el aprecio, podrá surgir el natural afecto. Toda amistad requiere conocimiento mutuo, aprecio y afecto.

El apreciarse y el tenerse afecto se fundamentan en algo más profundo que en una mera impresión favorable tras un encuentro fortuito. Deben nacer de una *decisión voluntaria* de apreciarse y tenerse afecto, de algo más sólido y valioso que el mero caerse bien o el mero conocerse. Solamente así –fundamentada en el conocimiento, el aprecio y el afecto mutuo– puede irse construyendo una amistad.

Más aún. Ocurre que, cuando los conocimientos, los aprecios y los afectos mutuos se consolidan, es fácil lograr *una compenetración mutua*. Y, cuando se alcanza esa compenetración con el amigo al que se aprecia, mayor es la facilidad para establecer con él esos diálogos íntimos, confiados y serenos tan propios de toda amistad verdadera.

Llegados a este aspecto de la amistad es necesario recordar que, para que exista una amistad auténtica, el aprecio y el afecto han de ser *recíprocos*. Donde no hay reciprocidad, no hay amistad. Para que se forje una amistad verdadera entre dos personas deben darse aprecios y afectos recíprocos. Al igual que, *«si uno no quiere, dos no riñen»*, con la amistad ocurre que, *«si uno no quiere, dos no son amigos»*. Uno podrá conocer al otro, apreciarlo, tenerle afecto, desear y procurar su bien y hasta dar su vida por él, pero si el otro no le corresponde, si no lo aprecia a él o, simplemente, no quiere ser su amigo, no habrá amistad. Existirá un amor unilateral, un amor que puede llegar a ser heroico de uno hacia otro, pero no habrá verdadera amistad. Para ser realmente amigos, tienen que *querer* ser amigos los dos. Si uno de los dos no quiere, ni surgirá ni se podrá cultivar entre ellos una verdadera amistad. Las cosas son así.

3. Ayudarse desinteresadamente

Ahora bien, para llegar a ser amigos de verdad no basta con caerse bien ni con tratarse asiduamente ni con apreciarse y tenerse un afecto mutuo. Hay que dar un paso más, el más difícil quizá y, a la vez, el más importante: *hay que dar y darse al amigo, hay que ayudarse mutua y desinteresadamente*. El don es parte irrenunciable de la amistad. Solo pueden llamarse amigos de verdad quienes, fruto de un conocimiento, un aprecio y unos afectos mutuos, se ayudan *desinteresadamente*. El egoísmo jamás ha forjado amistades verdaderas.

No es amigo –y mucho menos buen amigo– quien busca aprovecharse del otro, quien solo piensa en el otro por los beneficios que le puede aportar a él. Esto es instrumentalizar –falsear– la amistad. La amistad es un tipo de amor y, como tal, debe conllevar entregas generosas, desinteresadas: entregas sin reservas, que no esperan un intercambio de favores, que no son transacciones *calculadas,* como ocurre en el mundo de los negocios. No hay amor, no hay amistad, cuando prima un interés egoísta.

Para que se forje una amistad verdadera no bastan tampoco los buenos deseos, las buenas intenciones. Ni siquiera los buenos sentimientos. Los verdaderos amigos han de *servirse,* han de prestarse ayudas reales que procurarán ser eficaces, porque «*obras son amores y no las buenas razones*».

Ser amigo de verdad, apreciar y ayudar desinteresadamente al amigo, puede resultar costoso al principio de cualquier relación de amistad, porque todos tendemos a ocuparnos primaria y, a veces, exclusivamente de nosotros mismos. Y nos esforzamos más en lograr cosas que nos beneficien a nosotros antes que cosas que beneficien a los demás. Pero, si hay una clara decisión de ser amigos, cimentada en un sincero afecto, el ayudarse desinteresadamente será en cada nueva ocasión algo cada vez más espontáneo, más fácil y hasta más gratificante. Y esas ayudas, esas obras de servicio, serán las que irán forjando –cultivando y mejorando– la mutua amistad.

Como en cualquier otro aspecto del comportamiento humano, los hábitos propios de toda verdadera amistad los adquirimos mediante la repetición de actos frecuentes de amistad. Y, cuanto más amigas pretendan ser dos personas, en mayor número de ocasiones y en las más variadas circunstancias se habrán de prestar ayudas mutuas desinteresadas. Es amigo de verdad quien, además de percatarse cuándo y cómo puede ayudar a su amigo, procura hacerlo, aunque le cueste esfuerzo. Ya lo dice el refranero popular: «*El amigo de verdad es como la sangre, que acude siempre a la herida sin esperar que la llamen*».

4. Cuatro virtudes

Las *virtudes* son algo más que capacidades buenas. Son hábitos buenos, costumbres buenas, actitudes buenas permanentes. Son «*cualidades estables del alma, principios firmes y permanentes de actos buenos*» que han arraigado en nuestro modo de ser y de actuar a base de repetir actos buenos esforzadamente una y otra vez, un día y otro. San Josemaría lo dijo así:

«Un acto y otro forman un hábito, una inclinación, una facilidad (...), hay que batallar para alcanzar el hábito de la virtud». Y hay que saber también, como escribió Pascal, que: *«Para medir la virtud de un hombre no hay que fijarse en sus esfuerzos extraordinarios, sino en su vida cotidiana»*. Y así, con reiterados esfuerzos diarios, podemos ir incorporando virtudes a nuestra personalidad de tal manera que lleguemos a vivirlas *espontáneamente*, como si hubiéramos nacido con ellas. Ahora bien, conviene recordar que para que las virtudes se conserven despiertas y vivas es preciso que hallen obstáculos, pues de lo contrario enmohecen y mueren.

Transcribo a continuación varios párrafos de la carta de un viejo amigo que recibí hace años y en la que me contaba su experiencia al respecto. Me escribió desde la cárcel en la que estaba injustamente recluido tras un juicio confuso del que surgió una sentencia en la que se le condenaba a doce años de prisión. Era –es– un empresario, y contrató a un ex–drogadicto, hijo de un amigo suyo, para colaborar en su rehabilitación. Este pobre hombre –el ex–drogadicto–, al poco tiempo de empezar a trabajar, introdujo cocaína en el país dentro de un paquete dirigido al jefe de la empresa –al amigo de su padre y amigo mío– que, como decía, contestó así a una carta mía: *«Me han puesto 12 años aunque hemos recurrido al Tribunal Supremo y espero que por fin se haga la luz (...). Por aquí, como siempre. Una tremenda pérdida de tiempo, aunque procuro aprovechar el día trabajando en la enfermería y despachando asuntos de la empresa por las tardes desde mi celda (...). La familia sigue apoyándome muchísimo a soportar este pequeño infierno (...). Aunque el tono de la carta pueda parecer lúgubre, no creas que estoy mal. Por el contrario, estoy animado y fuerte interiormente. A todo el mundo que viene a verme le asombra la entereza que procuro transmitir. Bien es verdad que en esos momentos me crezco para que me vean bien. Creo que debo dar testimonio de lo que debe ser un hombre creyente en una situación límite como esta. Yo pensaba que las virtudes eran como un estado de ánimo, pero me he dado cuenta de que han de "activarse", es decir, que tengo que esforzarme por vivirlas. Y en eso estamos. Y compruebo que vale la pena el esfuerzo. Procuro hacer el máximo de bien posible estando alegre y animoso con mis compañeros aunque, a veces, la verdad, cuesta bastante. Por los compañeros y por la situación»*.

Es experiencia común que *«solo el hombre virtuoso sabe ser amigo»*. Ya lo dijo Cicerón: *«Hemos de cultivar las virtudes sin las cuales no podemos alcanzar la amistad»*. Todas las virtudes, todos los hábitos buenos, facilitan la amistad porque nos hacen candidatos más capaces de dar y recibir amor. Nos hacen más adecuados *receptores* de amistad y más eficaces *emisores* de amistad. Las personas con virtudes sólidas suelen ser, por un lado, más atentas, más serviciales –más amigables– y, por otro, más amables –más atrayentes, más dignas de amor– que las que son egoístas o desagradables. El experimentado san Francisco de Sales escribió: *«Comparad las virtudes con los vicios opuestos.*

¡Qué grata es la paciencia y qué molesta la impaciencia; qué amables son la cordialidad y el buen humor, y qué desagradables la ira y el mal humor; qué suave es la humildad y qué molesta la arrogancia; qué atractiva la generosidad y qué repulsivo el egoísmo; qué amable es la caridad y qué torpe es la envidia; y cuánto más laudable es la templanza que la agresividad o la violencia!».

Me voy a detener someramente en la descripción de cuatro virtudes. Soy de la opinión de que, aunque todas las virtudes son importantes y todas son muy útiles para ser buenos amigos de nuestros amigos, la *confianza*, la *generosidad*, la *lealtad* y la *gratitud* brillan con luz propia allí donde prende y prospera la amistad.

a) Confianza

Los seres humanos podemos mantener cerrada y protegida nuestra intimidad, o podemos abrirla y permitir que otros participen de ella. La decisión de abrirse para dar entrada a otro en la propia intimidad requiere tener *confianza* en el otro y también confianza en uno mismo. Ambas confianzas –en uno mismo y en el otro– conllevan sus dosis de incertidumbre, porque toda apertura de la propia intimidad conlleva riesgos.

Tener confianza en otra persona significa que nos fiamos de ella y, por tanto, que podemos confiarnos a ella. Es decir, significa que tenemos la seguridad *moral* de que responderá leal y favorablemente tanto a las confidencias como a las esperanzas que en ella depositemos. Solo así, teniendo confianza en otra persona, podremos salir con una actitud amistosa y esperanzada a su encuentro.

Tener confianza en el amigo es también *creer en él*. Es decir, es tener la convicción de que, además de ser una persona de la que me puedo fiar y en la que puedo confiarme, es alguien *capaz de ir más allá* –por mí y por él mismo– de lo que en cada momento de su vida es. Tener confianza en alguien es estar convencido de que puede ser más de lo que es en este momento, alguien capaz de superarse.

De aquí que toda confianza concedida a alguien, además de ser necesaria para lograr una sana compenetración, facilita y estimula en esa persona una realización más plena, un desarrollo vital de su ser mucho más dilatado. Así, al amigo, en quien depositamos nuestra confianza creyéndole capaz de todo lo bueno y todo lo bello, le proporcionamos oportunidades para ser realmente digno de ella y para desarrollar más fácilmente sus capacidades de hacer todo lo bueno y todo lo bello que lleva en potencia dentro de sí. Toda confianza es, de suyo, ayuda poderosa. Y tener y manifestar confianza es la actitud idónea para convertir a la persona a quien se le concede en persona efectivamente digna de esa confianza. Le facilita la posibilidad de ser más: más ella misma, más persona y, a la vez, más cercana y más solidaria. La confianza mejora y promueve y facilita la verdadera amistad. Sin confianza no es posible amistarse.

Quien concede su confianza y se confía a otro también se enriquece a sí mismo porque, en virtud del arriesgado don de la propia intimidad que conlleva, se comporta como un ser humano generoso y valiente, capaz de dar y de darse porque, cuando una persona abre su intimidad y se da a otra, hace un regalo que ya no puede recobrar. Todos los seres humanos necesitamos abrirnos, dialogar y convivir. A nadie le hace bien encerrarse en sí mismo y aislarse de los demás. Los individualistas –que, esclavos de su egoísmo, de su inseguridad o de su cobardía, se encierran y refugian en su propio yo– difícilmente harán amigos. Ya dice el refranero popular que: «*El que no se fía, no es de fiar*». El desconfiado difícilmente tendrá amigos. De aquí que toda conversación entre amigos deba ser siempre sincera y natural, nunca capciosa ni retorcida, porque quien habla de manera capciosa o retorcida quiebra la dicción correcta y se arriesga a falsas interpretaciones. Toda palabra capciosa o retorcida dificulta la confianza, porque carece de la necesaria claridad y sencillez.

La confianza requiere valor para superar el comprensible temor que surge ante la incertidumbre que toda apertura –que toda decisión de entregar algo propio– lleva consigo. Todos –Dios también– corremos el «*riesgo*» de la humana libertad. De la nuestra y de la de los demás, porque «*la libertad de cada persona tiene, al menos, tres enemigos: la libertad de los malos, la libertad de los imbéciles y la libertad de los poderosos*». Y parece justo reconocer que, en algunas circunstancias, todos nos comportamos como «*malos*», como «*imbéciles*» o como «*poderosos*» deteriorando así la libertad de otros y dificultando el cultivo de alguna amistad. El mal uso de la libertad deteriora la convivencia al deteriorar el necesario clima de respeto y de confianza.

Solo en un clima así, de confianza, se pueden alcanzar y desvelar partes de la intimidad de los amigos, porque la confianza mutua hace posible y facilita la *autenticidad.* Hace posible y facilita que lo que se piensa, se siente, se dice o se hace sean expresión «*auténtica*» (verdadera) de la propia intimidad, de lo que uno es. Solo con la confianza y la autenticidad de ambos amigos puede afianzarse el aprecio mutuo y puede llegar el amor. El poeta y dramaturgo alemán Heinrich von Kleist lo dijo así: «*La confianza y la estima mutua son dos pilares básicos e inseparables de la amistad sin los cuales no puede subsistir, porque sin la estima mutua no surge el afecto y sin la confianza no puede haber ni seguridad ni abandono*». Es bueno recordar que el verdadero amor de amistad es siempre discreto, no lesiona las intimidades, respeta siempre al otro y no cae en familiaridades sin tacto ni pudor. Ya escribió Moliere que: «*La amistad –como amor que es– requiere un cierto pudor y una cierta discreción; maltratarla o manosearla es profanarla*».

Manifestar confianza es ya señal de fe y de amor hacia el otro, y no solo respeta su libertad, sino que la fomenta: «*Enseña el Cristo: a tu prójimo amarás como a ti mismo, mas nunca olvides que es otro*» (Machado). Tener confianza en el amigo es respetarlo y es aceptarlo como es. No es aceptar solamente sus capacidades o dimensiones más gratas, sino a todo él, porque toda parcialidad es egoísmo, falta de respeto, negación de la confianza verdadera que es total, o no es.

Saber pedir –como saber dar y saber recibir– y hacerlo es también señal de gran confianza y de sincera humildad, de amistad verdadera. Como lo son el saber olvidar los favores que hacemos y el saber recordar los que hemos recibido.

Toda amistad exige este tipo de confianza, porque no se ama en el amigo una serie de buenas cualidades, sino a su persona completa, sin más, y por ser quien es, con sus defectos y sus virtudes. Todo amigo debe confiar en sus amigos sin más reservas que las que le dicte su prudencia, aceptando el riesgo que toda actitud generosa y valiente –de apertura, de transparencia, de entrega de uno mismo– lleva consigo.

La profundidad y la amplitud de la confianza condicionan la profundidad y la amplitud del intercambio de intimidades y de favores, de ayudas desinteresadas, de servicios. Es decir, el grado y la calidad de cada amistad dependen, en buena parte, del grado y de la calidad de la confianza que exista entre los amigos.

b) Generosidad

Goethe se desahogó en cierta ocasión de la siguiente manera: «*¡Qué lejos están, a veces, el amigo, la amiga! A fin de cuentas, ¿no piensa cada cual primero en sí mismo?*». Esta afirmación suele ser cierta, pero pensar primero en uno mismo no equivale a pensar *exclusivamente* en uno mismo. Además hay personas que, con cierta frecuencia, piensan antes en los demás que en sí mismas.

La *generosidad* es virtud –capacidad habitual– que nos permite y nos facilita *dar* con alegría a los demás algo bueno que les sea útil y conveniente. Y, siempre, más de lo que en justicia les debemos, aunque nos cueste esfuerzo. La generosidad –el dar y el darse, el estar a disposición del amigo– es esencial en la amistad: *«Amigo que no da y cuchillo que no corta, si se pierden poco importa»*.

La generosidad nos capacita para amar *«de verdad»*, para amar con actos de servicio. El amigo generoso se excede en el respeto, en el afecto debido y en la entrega de sí, de su hacer y de su *«poseer»*: es decir, de sus cosas, de sus energías, de sus saberes, de su tiempo, de su pensar y de su actuar: *da* de lo que tiene, *da* de lo que hace y *da* de lo que es. Y lo hace para ayudar eficazmente a su amigo. Y se goza luego con el bien del que disfruta su amigo. Y todo ello sin pararse a calcular el esfuerzo que requiere el actuar así y, menos aún, sin proclamarlo a los cuatro vientos ni echárselo en cara al amigo, pues *«tanto el dar como el aceptar un don requieren ambos discreción»*. Los hombres realmente generosos nunca fueron ostentosos.

La generosidad es manifestación del amor a los amigos. Nace del afecto –del aprecio actual por la persona del amigo– y requiere estar siempre dispuesto a sacrificar, por el bien del amigo, algo que, con toda justicia, podríamos utilizar nosotros para nuestro propio bienestar: *«Te amo para amarte –para que seas feliz– y no para ser amada, puesto que nada me place tanto como verte feliz»* (George Sand). La generosidad, que es parte constitutiva –esencial– del amor, es siempre gratuita y se paga a sí misma. No requiere salario.

Por el contrario, el egoísmo –ese defecto que nos aleja de los demás y nos empequeñece– siembra recelos, provoca discordias y genera enfados. Y hace la convivencia ingrata, e imposible la amistad. Y hasta envejece y produce arrugas en el rostro antes de tiempo pues, como advirtió sagazmente Henri Amiel: «*La juventud no es solamente una época de la vida, la juventud es un estado del alma que se alcanza y se mantiene cuando somos generosos*».

El egoísmo se opone radicalmente a la amistad (*«Reniego del amigo que come de lo mío conmigo y de lo suyo... consigo»*), mientras que el verdadero amigo es –ha de procurar ser– generoso y oportuno. El verdadero amigo adivina siempre cuándo se tiene necesidad de él y *«viene a compartir nuestra felicidad cuando se le ruega, y nuestra desgracia sin ser llamado»* (Demetrio de Alejandría). Aunque es mejor amigo aún quien actúa como dejó escrito el insigne Vives: «*No esperes a que tu amigo venga a descubrirte su necesidad; si le tratas y le conoces y piensas en él, sabrás cuándo y cómo puedes ayudarle sin que te lo pida*».

Uno de los mejores maestros que tuve durante la adolescencia escribió este texto: «*¿No seremos –en demasiadas ocasiones– unos narcisos vanidosos y egoístas que solo tenemos ojos para nuestras cosas? Desde la mañana hasta la noche pensando en nosotros, exclusi-*

vamente en nosotros: si esto me parece bien..., vale; si esto me agrada..., lo cojo; si esto me desagrada..., lo alejo de mí. Y, si yo quiero ver un determinado programa de televisión, armo el alboroto que sea necesario hasta que consigo que se ponga el canal que me place» (Garín).

¿Podremos tener amigos si pretendemos que los demás tengan que estar pendientes de si nos gusta o nos disgusta esto o lo otro? ¿Si son los demás quienes siempre deben amoldarse a nuestras preferencias o caprichos? Porque, y sigo citando a mi maestro, recientemente fallecido: «*La generosidad de nuestros amigos nunca les debe llevar a malcriarnos ni a satisfacer en todo momento nuestros caprichos. Si son sensatos, nos ayudarán a ser generosos y no a ser unos egoístas que nos aprovechamos de su generosidad para vivir regaladamente*».

Para tener amigos se debe estar dispuesto a mantener una lucha sin cuartel contra las tendencias egoístas que todos llevamos dentro y a practicar, esforzada e incansablemente, todos los actos de generosidad que nos sea posible para adquirir esta virtud (y para que arraigue en nuestro modo de ser y de comportarnos).

Un buen amigo me dio, hace ya tiempo, este consejo: «*Comienza por los de tu casa*» porque «*la generosidad buena empieza por tu casa y no por la ajena. Haz un repaso: esto es lo que le gusta a tu mujer; esto a tu padre, esto otro a tu madre; estos detalles agradan a este hermano y estos otros a aquella hermana... Y mira qué posibilidades tienes de hacer agradable –amable y feliz– la vida de todos y cada uno de los que viven contigo. Así es la generosidad: costosa, pero realista y asequible. Es cuestión de querer, no lo olvides. Y podrás hacer felices a muchos amigos. Y podrás ser tú igualmente feliz»*. Y no hace mucho pude leer y entender la frase que cito a continuación y la verdad que expresa: «*Darse, darse a los demás es de tal eficacia que Dios lo premia con una humildad llena de alegría*» (san Josemaría).

No recuerdo de dónde ni cuándo copié estos clarividentes párrafos acerca de la generosidad en unos papeles que guardé en un viejo archivador: «*Quizá estas preguntas que siguen a continuación –y sus correspondientes respuestas– te ayuden a conocer si te comportas habitualmente de un modo egoísta o si, por el contrario, vas adquiriendo, poco a poco, la atrayente virtud de la generosidad. ¿Tus amigos pueden decir de ti que eres una persona generosa? ¿Conoces lo que agrada y lo que desagrada a tus amigos? ¿Eres de los que dejan unos apuntes que te han costado mucho elaborarlos, o una moto, o un coche que has adquirido hace poco y al que les tienes especial aprecio? ¿Sabes renunciar a tus deseos –por muy lícitos que sean– o a tus caprichos en beneficio de tus amigos? ¿Sabes ser amable y preocuparte sinceramente por las cosas de los demás? ¿Sabes escuchar con interés? ¿Sabes cuándo estás hablando de más –y cansando– y te callas y dejas hablar al otro, o cuando hablas de menos –y aburres– y procuras hablar de algo que pueda interesar o distraer a los demás?*».

«*Y continúo, con tu permiso. ¿Ayudas a tu mujer, a tu marido, en casa? ¿Cuándo ha sido la última vez que has dicho a alguien –a tu madre, a tu padre, a tus herma-*

nos, a alguno de tus amigos–: ¿te puedo ayudar en algo? Todos tenemos experiencia de que muchas veces nuestra disponibilidad –la generosidad del propio tiempo, el emplearlo para el servicio de los demás– es más útil para un amigo que el recibir el regalo del mejor objeto material que poseamos. Y también tenemos la experiencia de que es más difícil, de que nos cuesta más, darnos nosotros que dar cosas materiales por muy costosas que sean». Transcribo otras dos preguntas más que encontré escritas a continuación de las anteriores: «*¿Te preocupas de la salud del cuerpo y del alma de tus amigos? ¿Qué predomina más en tus relaciones con los demás: el ¿me das? o el ¡toma!? Y no olvides que la generosidad, más que en dar cosas, consiste en darse, en servir al amigo*».

Hay un acto generoso y valiente que suele costar más esfuerzo que los previamente mencionados. Se trata de *perdonar*. No se trata de negar la faena que nos puedan haber hecho, sino de percatarse de la necesidad que tiene ese amigo de recibir amor, de ser perdonado. Se trata de reconocer que, quizá más que en otras circunstancias, es ahora –cuando «*ha fallado*» o «*nos ha fallado*»– cuando más necesita de nuestra comprensión. De una comprensión que sabe buscar una excusa para justificar los motivos de su desafortunada actuación y muestra que no le rechazamos por lo que ha hecho o nos ha hecho. Es manifestarle que, aunque haya hecho eso, no le repudiamos; le aceptamos y confiamos en sus posibilidades de mejora y que, si la precisa, puede contar con nuestra ayuda. Fue el mismísimo Nicolás de Maquiavelo quien escribió que: «*El perdón verdadero solamente nace de las almas generosas*».

Si queremos tener verdaderos amigos, hemos de procurar mirar siempre generosamente *hacia afuera* (con interés, con respeto y, si es posible, con cariño). Dado que esto requiere esfuerzo continuado, la generosidad habrá de apoyarse en la virtud de la fortaleza, pero precisa también de un mínimo de perspicacia, de capacidad para percatarse, para darse cuenta de lo que vemos al mirar a los demás.

El sacerdote y perspicaz médico psiquiatra Joan Bautista Torelló, en su conocida obra *Psicología Abierta*, escribe: «*Solo así, con perspicacia, seremos capaces de advertir, durante las horas de trabajo, por ejemplo, que un colega está sobrecargado de asuntos para resolver y que le vendría bien que alguien –que yo, sin alardes que humillen, sin que se note– le eche una mano*». Y continúa: «*Y en los momentos de descanso –en casa o donde sea– sabremos no refugiarnos cómodamente –egoístamente– en nuestras cosas y abrir los ojos para ver lo que les pasa a quienes nos rodean. Y a la hora de comer, y a la hora de reír, habremos de practicar la virtud de mirar a nuestro lado por si alguien se encuentra necesitado de risa o de pan, de dinero o de salud, de una advertencia o de un consejo oportuno, de una palabra de aliento o, simplemente, de una comprensiva mirada de cariño*».

c) Lealtad

Con la seguridad que da una larga experiencia bien rumiada, Luis Vives proclamó que: «*No hay ri-*

queza más valiosa como un buen amigo seguro». Si le preguntamos a una persona cualquiera, joven o entrada en años, cuál es la cualidad que más valora en sus amigos, lo más probable es que nos responda, más o menos, así: *«La lealtad. Podría soportar en un amigo cualquier defecto menos la deslealtad, la traición»*.

Ser leal consiste en cumplir con los compromisos adquiridos. La lealtad es virtud de gente fuerte y recia que sabe ser fiel al otro, al amigo, a pesar de los mil motivos que pudieran *«justificar»* en un momento determinado el olvido del bien del amigo para preocuparse solo del beneficio propio. *«Sé fiel al amigo en su pobreza y permanece a su lado en el tiempo de la tribulación»* (*Eclesiástico* 22, 28-29).

La lealtad con los amigos supone ser *«hombres de palabra»*, personas que responden con fidelidad a los compromisos –la mayoría de ellos, no explicitados– que la amistad lleva consigo. En la persona leal se puede confiar. Leales son los amigos que no critican ni murmuran a espaldas del interesado; que no traicionan una confidencia personal; que nunca dan un doble sentido –engañoso– ni a sus palabras ni a sus acciones; que son veraces, claros, nobles y transparentes, sin ser desvergonzados ni procaces. Los amigos leales son personas que defienden los intereses y el prestigio –el buen nombre– de sus amigos, incluso a costa de su propio y particular interés.

En el trato con los amigos se suelen tener expansiones de la propia intimidad a través de comentarios privados que, aunque no vayan acompañadas de la solicitud de ser guardados en secreto, se entiende que sería una traición darlas a conocer a un tercero o sacarlas de contexto. Miguel Ángel Martí lo explica así en uno de sus amenos y clarividentes textos: «*El cansancio, las preocupaciones, el entusiasmo o cualquier otra circunstancia nos llevan, en ocasiones, a hacer manifestaciones que quien las recibe, conocedor de la situación anímica en que se encuentra el interlocutor, debe entenderlas como lo que son: un desahogo, un escape y, por tanto, lo mejor que puede hacer es olvidarlas*». Solón, uno de los siete sabios de Grecia, solía repetir, con la prudencia que le caracterizaba: «*Sabiendo, calla*».

Ser leal lleva consigo, también, *hablar claro* con los amigos siempre. Y, siempre que sea necesario –cuando se juzgue oportuno–, a exponerles con cariño, pero con toda la nitidez necesaria, nuestra disconformidad con alguna acción suya que nos parezca perjudicial para él o para sus allegados. No es cierto que «*Quien dice las verdades pierde las amistades*». Perderá las falsas amistades, no las verdaderas. Y las falsas amistades... bien perdidas están.

Si alguien se ofende por una advertencia hecha con cariño, pero con toda la franqueza y claridad que sean necesarias, es un pobre hombre. En el libro sagrado de los Proverbios se recogen numerosas y sabrosas sentencias acerca de la conveniencia de escuchar las correcciones del amigo. Copio varios: «*Menosprecia su alma el que aborrece la corrección del amigo; el que la escucha y agradece, adquiere la sabiduría y mejora en la virtud*» (23, 12); «*No quiere el petulante que nadie le corrija y por eso rehúye juntarse con los sabios»* (15, 12); «*Si reprendes con motivo al sabio, te lo agradecerá. Da consejos al sabio que se hará más sabio»* (9, 8-9) porque, «*si enseñas al justo, acrecentarás su virtud»* (12, 1). Y «*Da oídos al buen consejo y acoge con gallardía las enmiendas para hacerte más sabio y más virtuoso»* (19, 20) pues «*Amar la corrección es de hombres sabios; el que la aborrece se embrutece»* (22, 17).

Si de verdad queremos ayudar a nuestros amigos a ser felices –a ser mejores–, hemos de aceptarlos y quererlos en todo momento como son –defectos incluidos– pero, al mismo tiempo y por lealtad, debemos ayudarles a superar sus defectos con los medios a nuestro alcance. Y esperaremos y agradeceremos que hagan lo mismo con nosotros: que nos quieran como somos, pero que nos ayuden a ser mejores.

«*La lealtad cerrará siempre los labios a la ironía sarcástica, a la crítica –por benévola que sea– y los abrirá a la corrección del amigo, que será siempre oportuna y llena de cariño»* (Torelló). Hay que buscar el *momento* más adecuado –casi siempre a solas, de tú a tú, de hombre a hombre– para hacer al amigo una advertencia que puede escocerle. Y también el *modo* más adecuado de hacerla: con rectitud, no porque nos moleste ese defecto, sino para ayudarle; jamás para molestar, para incordiar o para herir (aunque las correcciones siempre nos duelen, porque molestan a nuestro vanidoso y soberbio yo). No pasa nada si contamos con ello y no nos asombramos de que el primer pronto pueda ser una actitud de autodefensa, de protección o de excusa. Es la permanente soberbia de ese «*hombre viejo*» que todos llevamos dentro y que se rebela ante cualquier corrección por muy adecuada que sea. Somos así. No nos gusta que nos corrijan, que nos digan que hemos hecho –o que hacemos habitualmente– algo mal (o que hemos dejado de hacer algo bien). Pero, si contamos con ello, habremos dado un gran paso en el camino de la amistad y, por supuesto, también en el de la felicidad.

De aquí que sea prudente no olvidar nunca la importancia básica que, además de otras virtudes, posee la lealtad como requisito y expresión que es de la verdadera amistad. No en vano la Escritura advierte y recomienda: «*No te abandonen nunca la bondad y la lealtad, átatelas al cuello y grábalas con un buril dentro del corazón*» (*Proverbios* 3, 3).

d) Gratitud

Pedir, y hasta implorar, es propio de los seres humanos –manifestación de confianza unas veces, de caradura otras– y, por tanto, es una práctica generalizada aunque, a veces, pueda costar. *Ser agradecido* es propio de las personas de valía.

La gratitud no es lo fuerte de la mayoría de la gente. Alguien escribió que: «*Solemos esculpir los agravios en mármol mientras que los favores los escribimos sobre el agua*». Y el filósofo existencialista Otto Bollnow llega a afirmar que: «*No hay ninguna otra cualidad humana que manifieste mejor la valía y la bondad de una perso-*

na que su capacidad de agradecer». La sabiduría popular recuerda que: «*Es de bien nacidos ser agradecidos*» mientras advierte que: «*Los que no agradecen, al diablo se parecen*». Y recomienda: «*Con los ingratos no tengáis trato*», porque, como declaró el poeta italiano Filippo Pananti: «*Podemos estar preparados para cualquier cosa menos para soportar la ingratitud del que se dice amigo*».

«*Es de bien nacidos ser agradecidos*». Ser capaces de agradecer los servicios que nos hacen los demás requiere, en primer lugar, que seamos capaces de *darnos cuenta* de ellos. Ya dejó por escrito el insigne Calderón que: «*Cerca está de ser agradecido quien se reconoce deudor*». No podemos pensar y, menos aún, comportarnos como si todo lo que hacen por nosotros los demás nos lo merecemos. Es de necios pensar que lo que hacen por nosotros los amigos nos es debido por nuestra «*extraordinaria valía*», porque somos «*especiales o superiores*» a los demás. La ingratitud es hija de la inadvertencia y envilece (en el fondo, hija de la soberbia que nos ciega) mientras que la gratitud agudiza las pupilas y ennoblece: «*Mil veces le es concedida y mil veces se le renueva la felicidad a la persona que cada día de su vida advierte y agradece los favores que recibe de los demás y de Dios*».

Si somos agradecidos, sabremos advertir y valorar los gestos diarios de servicio –aunque sean de justicia– que tienen con nosotros. Agradeceremos la mesa puesta y la comida preparada; la atención de la dependienta de un comercio y el servicio de un camarero; el cumplimiento del deber de un subordinado y el esfuerzo de un profesor por hacernos más asequible la materia que nos explica; la indicación de una dirección sobre la que preguntamos a un agente de tráfico y la bondad del amigo que nos escucha con paciencia e interés.

Hay quienes no quieren pedir un favor a otra persona para no tener que agradecérselo. Son individuos que pueden desvivirse por los demás pero que, por un enfermizo sentimiento de orgullo sobre su pretendida autonomía y suficiencia, no solicitan ni el más pequeño servicio (para no encontrarse así obligados a reconocer el favor recibido con el consiguiente agradecimiento). Ya dije que saber pedir –como saber dar y saber recibir– y hacerlo requieren cierta cortesía, un mínimo de confianza y algo de humildad, señales todas de verdadera amistad. Ahora bien, son características más propias aún de una verdadera amistad, y más valiosas que las mencionadas, el saber recordar y agradecer los dones recibidos, y el saber olvidar los favores que hacemos: «*No hay más loable memoria que la del bien recibido, ni más generoso olvido que el del bien que ya hemos hecho*» (Alonso de Barros). Borne, buen conocedor del alma humana, se expresó con mayor sutileza aún: «*Es costumbre tener por agradecido al que manifiesta los beneficios de que fue objeto, pero los hombres más agradecidos de todos son aquellos que no olvidan el beneficio para recordar al bienhechor*». Más que los favores, importan las personas.

El dar y el recibir de los amigos se mueven –se habrán de mover–, por tanto, en el ámbito de una libertad más noble, más alta, que la del negocio puramente mercantilista (la del *«do ut des», doy para que me des*). Esta libertad –esta liberalidad– que debe empapar las relaciones entre los amigos se ejercita, por parte del que da, con una modestia elegante y recatada y, por parte del que recibe, con un agradecimiento verdaderamente sentido y manifiesto, pero transmitido siempre con elegancia y discreción, *«sin aspavientos»*. La palabra gracia significa, a un tiempo, don y gratitud: se concede una gracia –se presta una ayuda, un favor– a la que se corresponde, amablemente, dando gracias. *«Demos donaire al vivir»* –decía Goethe–, *«pongamos gracia en el dar y gracia en el recibir»*.

Los dones verdaderos, las ayudas desinteresadas, no pueden ser nunca totalmente pagados ni correspondidos. Y el agradecimiento que despiertan será, por lo tanto, algo que debe permanecer para siempre en el corazón del amigo. Virgilio, el poeta, lo expresó así: *«El agradecimiento por los beneficios recibidos debe durar mientras el agua fluya por los ríos, los árboles frondosos nos regalen con su sombra, las montañas se alcen hacia el cielo y las estrellas brillen alegres en el firmamento»*.

El *«para siempre»*, característico de todo auténtico agradecimiento, puede explicar por qué hay personas que, como ya he dicho, evitan tener que pedir (y agradecer). Sospechan que sus peticiones, y la gratitud que deberán sentir y manifestar, pueden, de alguna manera, esclavizarles *«para siempre»*. Y todo lo que es *«para siempre»* nos asusta a los mortales.

Los jóvenes adolescentes suelen caracterizarse por su peculiar ingratitud. Ello se debe, en buena medida, a que *«no se enteran»;* a que no se dan cuenta de que la mayoría de las cosas que tienen y usan, y la mayoría de los servicios que se les hacen, son dones gratuitos, no derechos que en justicia se les deben. Es cierto que algunos jóvenes, a veces, saben dar, pero rara vez saben agradecer de veras los favores que reciben. La ingratitud de algunos se debe también a su repulsa por lo que no es merecido o ganado con el propio esfuerzo. Son todavía demasiado inexpertos o demasiado orgullosos para saber que en este mundo todos vivimos del apoyo de los demás, que todo vivir es convivir, que toda existencia es coexistencia.

Decía antes que pedir, y aun implorar, es propio del ser humano y que ser agradecidos es tan solo propio de los mejores, de los más sensibles, de los más humanos. Lo mismo ocurre con las otras tres virtudes que hemos considerado antes (la confianza, la generosidad y la lealtad). Por esto termino con un consejo que viene al caso y que copié de no sé dónde: *«Si quieres encontrar confianza, generosidad, lealtad y gratitud –amistad–, llévalas contigo y ofrécelas generosamente a quienes trates sin esperar correspondencia»*.

5. *Tener amigos vale la pena*

Ya he dicho que ser amigo y tener amigos es una tarea valiosa pero... costosa. Porque cada amistad no es algo que surja espontáneamente, algo innato. Nunca se da sin esfuerzo. Y necesita su tiempo, hay que conquistarla. Ahora bien, los esfuerzos y el tiempo que requieren su conquista producen sus frutos. Shakespeare escribió que: «*En mis amigos están mi gozo y mis riquezas*», porque pocas cosas hay en esta vida tan valiosas como un buen amigo ya que «*con los amigos las alegrías se multiplican por dos y las penas se reducen a la mitad*». Toda amistad hace más grata la existencia, porque nos saca del triste pozo de la soledad y nos ayuda a vivir en grata compañía.

La soledad no es buena. Su estudio puede admitir enfoques teóricos que consideren al ser humano como un «*ser solitario e incomunicado*», pero la soledad es, ante todo, una experiencia para muchos. Una penosa experiencia. Es un: «*No tengo a nadie con quien hablar, nadie en quien confiar, nadie con quien desahogarme, porque nadie me escucha, nadie me quiere*». Estar solo es carecer de un interlocutor de confianza, de un amigo con quien comunicarme, de alguien que me pueda ayudar y a quien yo pueda ayudar. La soledad es aislamiento, reducción del horizonte existencial, frustración radical de la persona, pobreza vital.

Vale la pena el trabajo que requiere el cultivo de cualquier amistad porque, si es cierto que toda amistad conlleva esfuerzos cordiales para tratar de conocer, comprender y ayudar al amigo, esos esfuerzos gustosos son poca cosa en comparación con la riqueza que aporta el hecho de vivir y disfrutar partes de la propia vida con un buen amigo. Ser amigo es ayudar, pero es también conversar, desahogarse, intercambiar experiencias y opiniones, disfrutar juntos, poder pensar en alto sin reticencias ni disimulos: «*Arrancar la amistad de la vida de los hombres* –decía Cicerón– *es como arrebatarle el sol al universo*».

Un buen hombre de origen checo, de quien me hice amigo hace ya tiempo, me envió una fotografía enmarcada en la que estamos juntos con un bello pensamiento que dice así: «*Si en el caminar de tu vida conoces a alguien que con su amistad hace disminuir la fatiga del camino, no lo dejes marchar. Dios ha puesto a tu lado algo más que un compañero de viaje, ha puesto un amigo*». Y en el Antiguo Testamento se puede leer: «*Un amigo fiel es poderoso protector; el que lo encuentra halla un tesoro. Pocas cosas valen tanto como un buen amigo*». Y un sabio proverbio kikuyu expresa, con poética belleza, lo que todo ser humano ha experimentado alguna vez en su vida: «*Cuando en lo alto de la montaña te espera un amigo es más fácil subir a ella*».

Los amigos nos enriquecen y potencian porque «*lo que podemos a través de los amigos es como si lo pudiéramos por nosotros mismos*» (Aristóteles). Los verdaderos amigos nos dan más de lo que nos dan, aunque no lo parezca cuando cometemos el error de ponderar los bienes y servicios que nos prestan como si la amistad fuera un intercambio mercantil. Los amigos nos dan siempre más de lo que «*nos dan*» porque, al darnos algo y darse desinteresadamente, nos es más grata y nos hace más felices su actual manifestación de amor desinteresado que el propio bien o servicio –la ayuda– que nos presta y resuelve nuestro problema.

Y lo mismo sucede cuando nosotros prestamos una ayuda de corazón al amigo: nos fijamos más en el beneficio que recibe el amigo y en la alegría que le produce, que en el esfuerzo o sacrificio que debemos realizar para ayudarle. Ocurre así que los amigos disfrutamos recibiendo y disfrutamos dando, aunque tanto el dar como el recibir, a veces, cuesten esfuerzo. Los seres humanos somos, estamos hechos, así. Es cuestión de contar con ello y de recordar que *«hay más felicidad en dar que en recibir»*.

6. Cultivar las amistades

Con los amigos siempre se está a gusto, pero ¿puede alguien asegurar que sus amistades durarán para siempre? ¿Que ni él ni sus amigos fallarán? Nada es para siempre aquí abajo en la tierra. Ni tampoco hay amigos infalibles, porque los humanos... fallamos. Más aún, además de que nuestra existencia terrena no dura eternamente y de que somos frágiles e inconstantes, las circunstancias y las personas cambian. A mejor, unas veces; a peor, otras. Cada nuevo día decidimos cómo queremos comportarnos, cómo queremos ser. Vivir y ser amigos se dan en el tiempo. De aquí que ninguna amistad verdadera podrá mantenerse como tal si no está, de alguna manera, rehaciéndose a diario. Las amistades no se pueden conservar, *se han de cultivar*. Porque, si no se cultivan, languidecen y llegan a desaparecer.

Se dice que nada hay más propio de la amistad que el tener trato y entenderse. De aquí que, si el tiempo que media entre un encuentro y otro es excesivo, o si los encuentros se realizan sin el suficiente sosiego, es difícil que las amistades se mantengan vivas. Toda amistad precisa de encuentros frecuentes vividos con suficiente tranquilidad. La distancia y las prisas no destruyen la amistad, pero dificultan su ejercicio y, si las ausencias son largas y las presencias cortas, la falta de ejercicio puede deteriorar la amistad. Ya lo advertía Aristóteles: «*La falta de trato ha deshecho muchas amistades*».

Las conversaciones telefónicas (con webcam incluida), las redes sociales, los *WhatsApp*, las cartas y las tarjetas postales ayudan mucho a mantener el contacto y el trato con los amigos, pero nunca podrán sustituir al «*estar con el amigo conversando cara a cara*». Con los diversos medios de comunicación podemos paliar el deterioro que sufrirá la amistad por el distanciamiento físico, pero nunca podremos evitarlo del todo, porque solo la convivencia cercana es capaz de mantener actualizados los conocimientos y los afectos mutuos y, con ellos, los mutuos deseos de prestarse las ayudas que en cada momento fueran precisas. Ya lo dijo el poeta: «*Si no vas a casa del amigo, la hierba del camino acabará por cubrir el sendero*». Para que una amistad se mantenga viva, todos y cada uno de los principales elementos que la constituyen (trato cercano, confidencias, afecto y ayudas mutuas) habrán de renovarse con la mayor frecuencia posible.

7. Nuevos amigos

a) Ser prudentes no es ser timoratos

«Haz amigos nuevos, mas conserva los viejos. / Los nuevos son plata, oro los viejos. / Las amistades recientes, / como el vino nuevo, / maduran con el tiempo. / Las que resisten las pruebas de los cambios y del tiempo / son, sin duda, mejores. / La amistad cultivada nunca se marchita. / Pero los viejos amigos, ¡ay!, pueden morir. / Atesora amistad en tu pecho. / Lo nuevo es bueno, mejor lo viejo. / Haz amigos nuevos, mas conserva los viejos» (James Boswell).

Todos llevamos con nosotros unas esferas protectoras con las que rodeamos y protegemos nuestra intimidad. La prudencia nos indica que no es sensato abrir indiscriminadamente las compuertas de tales esferas y dejar que cualquiera las traspase. Y, menos aún, a quien pretenda hacerlo sin un mínimo de respeto y consideración. Este es el motivo por el cual debemos ponderar con cuidado a quiénes y cuándo es acertado abrirles nuestro corazón para mostrarles algunos rincones de nuestra intimidad.

Por otro lado, a veces ocurre que nos encontramos con personas con las cuales es fácil que se cree enseguida un clima de confianza tal que aconseje la apertura y la intercomunicación recíproca de algo tan propio y personal como es la propia intimidad. Es en esas ocasiones cuando se nos presenta la posibilidad de comenzar el cultivo de una nueva amistad porque la amistad consiste, en gran medida, en la donación de partes de la intimidad personal que son, a la vez, propias y comunicables, compartibles.

Ahora bien, dado que no es fácil percatarse en un primer encuentro de la calidad moral de una persona, a la hora de hacer nuevos amigos convendrá ir abriendo nuestra intimidad de manera progresiva, poco a poco, y siempre a medida que nos vayamos percatando de que la persona con la que tratamos será capaz de guardar para sí nuestras confidencias. Sin la seguridad que proporcionan la confianza y lealtad mutuas no se puede construir ninguna amistad duradera.

b) Vivir siempre joven

En nuestra «*sociedad de las prisas*» se da una manera de vivir apresurada que dificulta esas relaciones sosegadas tan necesarias para lograr unas comunicaciones interpersonales tranquilas sin las cuales las verdaderas amistades difícilmente prosperan. Ahora bien, aunque las dificulten, esta manera de vivir apresurada no impide el nacimiento de nuevas amistades, porque toda amistad, que se basa en una relación interpersonal, puede surgir, como ocurre con las liebres, en cualquier parte. Es decir, el inicio de cualquier amistad es siempre resultado de unas disposiciones acogedoras y de específicas decisiones personales, pero el hecho de que ese inicio sea posible será siempre fruto de un encuentro feliz, un regalo de la Providencia.

De aquí que, si se pretende estar abierto al cultivo de nuevas amistades, es necesario adoptar –con prisas o sin prisas– una actitud de fondo que consiste en mantener una disposición acogedora –respetuosa y abierta al diálogo, receptiva– ante cualquier persona con la que nos podamos encontrar. Se trata de vivir siempre joven, en régimen de amanecer, no de atardecer. Y conviene tener presente también que con las personas ocurre lo mismo que con los libros. Al principio, si vemos que hay conformidad en las cuestiones generales, nos ponemos contentos, pero, cuando empezamos a intimar, suelen surgir las naturales diferencias y pueden aparecer los rechazos. La actitud de quien desee cultivar nuevas amistades será la de no echarse para atrás enseguida, sino aferrarse a aquello en lo que se coincide e intentar dilucidar las diferencias, sin pretender ponerse totalmente de acuerdo en todo.

En algunos, el deseo de ser amigo puede ser meramente impulsivo. Por tanto, conviene saber que toda amistad requiere ponderación y tiempo para forjarse. Ninguna amistad se cultiva de manera espontánea: porque ni se desarrolla sin una decisión específica, ni perdura por pura inercia. Cada amistad requiere decisiones y esfuerzos específicos que serán más o menos exigentes, porque la amistad precisa del ejercicio de muchas virtudes. Ya vimos que toda amistad es *«un quehacer»*, un quehacer valioso, pero que requiere la práctica de muchas virtudes.

Visto lo visto, conviene recordar ahora que las actitudes y las conductas amistosas ni se improvisan ni se desarrollan sin cierta preparación remota. Los pedagogos expertos señalan que la familia es el ámbito fundamental para empezar a ejercitarse en el cultivo de la amistad porque el hogar es, al mismo tiempo, centro de intimidad y centro de apertura. Y ya se sabe que *«lo que se aprende en la cuna, eso dura»*.

En resumen: toda nueva amistad –fruto de una actitud de fondo favorable– comienza con un encuentro feliz –un hallazgo–, continúa con un cruce de biografías, sigue con el nacimiento de aprecios y afectos mutuos, y debe cultivarse y proseguir mediante un trato frecuente y un amable intercambio de confidencias y ayudas mutuas.

8. Amigos buenos y amigos malos

El Maestro Kong, más conocido como Confucio, advirtió hace siglos que: *«Existen tipos de amistad buenos y tipos de amistad malos. La amistad con personas sinceras, la amistad con personas leales, la amistad con personas sabias y la amistad con personas buenas son amistades que benefician y alegran la vida. La amistad con mentirosos y falsos, la amistad con aduladores y la amistad con charlatanes son amistades que perjudican y entristecen»*.

Aristóteles también se percató de esta realidad y lo dijo así: *«Si la peor manera de ser malo consiste en dejar que la propia maldad extienda sus efectos no solo sobre uno mismo, sino también sobre los amigos, la mejor manera de ser bueno habrá de consistir, análo-*

gamente, en usar la propia bondad en beneficio de los demás». Por tanto, y dado que la bondad o maldad de los amigos siempre influye en uno, lo inteligente es tener amigos buenos.

Podemos calificar como buen amigo al amigo que «es bueno» y por mal amigo a quien es amigo pero... «es malo». Ahora bien, aunque no se puede dividir a las personas en dos grupos claramente y, menos aún, permanentemente diferenciados (los buenos y los malos), no hace falta mucha perspicacia para darse cuenta de que en determinados momentos o en determinadas épocas de nuestra vida nos comportamos bien, porque así lo decidimos (somos buenos), y en otros momentos o épocas de nuestra vida nos comportamos mal y... somos malos. Una cosa es tener buenos deseos, buenas *disposiciones*, y otra, bien distinta, *comportarse* bien. Las buenas disposiciones *nos predisponen* a ser mejores. Los comportamientos buenos *nos hacen* mejores.

Puede haber amistad, verdadera amistad, entre personas malas. O entre una persona buena y otra mala. Es decir, pueden darse «*ayudas mutuas desinteresadas fundamentadas en un afecto mutuo*» entre personas de todo tipo pero, si analizamos la cuestión, habremos de reconocer que, si las ayudas prestadas por algún amigo son ayudas para lograr algo malo (matar, robar, drogarse, fornicar, etc.), tales ayudas, por ser malas, no serán nada recomendables y dañarán a ambos amigos: «*A todos hace mal el hombre malo, ni a su amigo perdona*». Es decir, las ayudas, por ser ayudas, serán manifestación de amistad pero, por ser ayudas para hacer algo malo, malearán a los dos amigos. Ya lo advierte la sabiduría popular: «*Hay amistades que matan*». De aquí que sea bien cierto que, a veces, más vale estar solo que mal acompañado.

En otras ocasiones sucede que no se genera una verdadera amistad entre dos personas que son buenas. Pueden ser muy buenas, pero no habrá amistad si no se caen suficientemente bien, o si no se tratan con la suficiente asiduidad, o si no llegan a intimar lo suficiente para que se genere entre ellas un aprecio y un clima tal de confianza en el que tratarse, intercambiar confidencias, tenerse un afecto mutuo y prestarse ayudas desinteresadas sea algo habitual.

Obviamente es mucho más común –y más valiosa– la amistad entre personas buenas que entre personas malas, puesto que la amistad surge y se desarrolla mejor en un ambiente de bondades (de alegría, de generosidad, de magnanimidad, de sinceridad, de abnegación, etc.) que en otro en el que predominen la mentira, el pesimismo, la soberbia, la lujuria o el egoísmo, por ejemplo. Es experiencia común que los amigos devienen más amigos al compartir cosas buenas que cosas malas. Porque, si no es fácil ser amigos siendo los dos buenas personas, menos fácil es cuando uno o los dos son malas personas. Ya lo dijo Cicerón: «*Es muy difícil que la amistad permanezca apartándose de la virtud*». De aquí que, a la hora de hacerse amigo de alguien, convenga elegir y tratar, entre los posibles, a quienes posean buenas cualidades morales.

9. *La libertad de los amigos*

Ser un buen amigo incluye el aprecio, el afecto y las ayudas, pero también la irritación, el enfado. Quien no se irrita cuando el amigo se porta mal y no se lo dice, o es un pasota, o un adulador, o un cobarde, pero no es un buen amigo porque *«quien bien te quiere, te dirá las verdades; quien mal te quiere, te dirá solamente las vanidades»*.

Ahora bien, el buen amigo, aunque desee y procure lo mejor para sus amigos, será siempre muy *amigo de la libertad* ajena. Nunca intentará «forzar» las decisiones de sus amigos. Porque la buena amistad, aunque desee y procure lo mejor para el amigo, no sabe de imposiciones ni de chantajes. Valora y respeta siempre, como si fuera la suya, la libertad de cada amigo y, salvo en casos clamorosamente graves, jamás intentará violentar su libertad. Ni siquiera para que su amigo adopte una decisión que ambos estén convencidos de que le conviene adoptar, pero que el amigo decide no adoptar todavía porque le cuesta un gran esfuerzo o, simplemente, porque en ese momento prefiere adoptar otra decisión por los motivos que sean.

Es decir, el buen amigo apreciará y respetará siempre al amigo, y le dejará ser lo que él –su amigo– *es*, y como él –su amigo, en cada momento– quiera ser. Ahora bien, no por ello se despreocupará de su amigo, sino que, como amigo que es, tratará de ayudarle siempre, con la idea clara de que muchas veces *«una ocasión perdida es para siempre ida»*. Es decir: *Carpe diem!* Aprovechará cualquier oportunidad para ayudarle a que se mejore, con el debido respeto y consideración.

Para ayudar a los amigos de manera respetuosa y delicada se debe comenzar por mejorar la conducta propia, por dar buen ejemplo. Luego, habrá que dedicarles tiempo –estar con ellos– y, cuando sea necesario y conveniente, ayudarles con algún consejo bien ponderado fruto de la propia ciencia o de la propia experiencia. La mayoría de las veces bastará una sugerencia que pueda darles luces –motivos suficientes– para que vean la conveniencia de cambiar alguna decisión que les perjudica o para mejorar algún aspecto de su manera de vivir.

Por todo lo dicho, y tras considerar *en común* la conveniencia y la posibilidad de prestarse (y de recibir) cualquier tipo de ayuda, quien decide recibir la ayuda deberá *dejarse ayudar.* Es decir, deberá poner de su parte los medios necesarios para llevar a cabo lo que entre ambos amigos han visto claro que debe intentar. Y quien presta la ayuda deberá saber también hasta dónde puede llegar con sus ayudas sin forzar a su amigo.

Es decir, se trata de ayudar al amigo a descubrir y a realizar su mejor yo –su mejor él–, pero sin forzarle, respetando siempre su genuina y sacrosanta libertad. La mayoría de las veces, el cariño sincero ayuda más que los argumentos racionales más contundentes, porque los humanos somos algo más que razón. Somos también corazón.

10. Las buenas amistades benefician a todos

Ocurre que el bien que procuramos hacer a los amigos no solo les beneficia a ellos, sino que nos beneficia también a nosotros. Tolstoi lo dijo así: «*Quien ayuda al amigo a ser bueno se ayuda también a sí mismo a ser mejor*». Es experiencia común que quien ayuda a los demás con obras buenas a sí mismo se ayuda.

Es decir, la buena amistad es una relación buena y valiosa tanto por las causas que la promueven (la generosidad, el amor), como por los efectos beneficiosos que produce. Mejora a quien recibe las ayudas y mejora también a quien las proporciona. Los actos buenos realizados para ayudar a los amigos perfeccionan a quien los lleva a cabo al desarrollar en él hábitos buenos –capacidades buenas permanentes– y perfeccionan también, mejoran, a quien es ayudado.

Es decir, las ayudas proporcionadas a los amigos mejoran a los amigos y también a quien las hace, porque el hecho de ayudarles promueve siempre en el sujeto agente una disposición –un hábito– benefactor. Disposición, hábito, que habrá de lograrse mediante esfuerzos repetidos por mejorarse uno personalmente, porque quien pretenda ayudar a un amigo para que sea mejor habrá de procurar necesariamente ir él por delante, ser él cada día un poco mejor. No es lo mismo predicar que dar ejemplo. Los hombres sabios comienzan por hacer bien aquello que quieren enseñar a otros y, solo después, enseñan. Unamuno lo expresó así: «*Reconcéntrate para irradiar; deja llenarte primero para que reboses luego, conservando el manantial»*.

Toda buena amistad es sinérgica. Procede de la bondad de quienes cultivan la amistad y *promueve* también en ambos una vida más virtuosa al potenciar la práctica de muchas virtudes. Y ocurre así que la práctica de las virtudes propias de la buena amistad nos hace candidatos idóneos para ser requeridos como nuevos amigos por otros. Es decir, todas las virtudes propias de una buena amistad nos hacen eficaces *emisores* de buena amistad y, al mismo tiempo, atractivos *receptores* de posibles nuevos amigos, porque toda vida virtuosa –sincera, leal, generosa, alegre, agradecida, etc.– es y será siempre un sólido fundamento para poder *ser* un buen amigo, y un atractivo reclamo para *tener* buenos amigos.

Por el contrario, las personas malas y viciosas (quienes se comportan mal) es difícil que puedan cultivar buenas amistades. No podrán mantener fácilmente una estrecha amistad con amigos buenos porque, así como *«un bien promueve a otro bien»*, *«un mal llama casi siempre a otro mal»* y quien desee ser una persona honrada no gustará de ser maleada por las malas influencias de un mal amigo.

La bondad de los amigos ayuda a ser mejor, mientras que el mal –que también es contagioso– malea a quienes se involucran en acciones malas. Y es lógico, por tanto, que en algunas ocasiones el amigo bueno opte por mantenerse a una prudente distancia de quien es su amigo pero... es malo. Si es buen amigo, sabrá estar siempre a la espera de que su amigo decida enmendarse, pero ese distanciamiento, si aumenta o se prolonga en demasía, es fácil que conduzca a un deterioro tal del aprecio y del afecto recíproco, que termine en un alejamiento definitivo más o menos explícito.

Más aún. Quien se deje llevar con frecuencia por la pereza, el egoísmo, la lujuria, etc., será una persona esclava de sus vicios. Y quien es esclavo de sus vicios (pereza, egoísmo, lujuria, etc.) no es fácil que sea capaz de pensar, ocuparse y ayudar a sus amigos si antes no se libera de esas esclavitudes. Es obvio que quien habitualmente se comporta de manera egoísta no será capaz de ser generoso y, por tanto, amigo de verdad. Nietzsche llegó a escribir que: «*Si eres esclavo, no puedes ser amigo*». Y, menos aún, un buen amigo.

11. ¿Amigos perfectos?

Como «*no nació quien nunca erró*» y «*al amigo con sus defectos se le ha de querer y atender*», quien pretenda tener amigos deberá ser realista y, por tanto, no deberá esperar de sus amigos más de lo que un ser humano normalmente constituido puede dar. Es decir, deberá comprender que los humanos somos criaturas limitadas y frágiles y que, por tanto, algunas veces –o muchas– fallamos. Nadie es perfecto y, en consecuencia, todos debemos aprender a contar con los fallos. Y también a *pedir perdón* por los fallos propios, y *comprender* y *perdonar* los ajenos. Y, tras los perdones solicitados y concedidos, habremos de saber renovar el trato de amistad con elegancia. Solo el amor lo supera todo, porque se disculpa y perdona en la medida en que se ama.

Para lograr una actitud así es necesario un cierto *coraje*. Es necesario porque para ser un buen amigo se requiere estar firmemente decidido a esforzarse con denuedo por ser una persona que sepa amar. Es decir, alguien que procura comprender, disculpar y perdonar siempre a sus amigos. Ahora bien, como el amor humano no es capaz de ser siempre pleno, hay que tener presente que solo quien se proponga y procure amar un día y otro (aunque a veces no lo consiga) será capaz de adquirir *esa benefactora actitud* de fondo que se requiere para ser un buen amigo. Y para adquirir y mantener tal actitud de fondo se necesita coraje, hombría de bien, santa tozudez.

Ahora bien, como no es suficiente el deseo genérico de ser un buen amigo para lograrlo, es necesario *proponerse* adquirir virtudes concretas como la generosidad, la lealtad, la discreción o la alegría. Es decir, habremos de querer poner los medios que sean necesarios para practicar y adquirir determinadas virtudes con la firme intención de hacerlas parte integrante de nuestra manera de ser. Porque solo *«el hacer enseña a hacer»*. Confucio lo dijo así: *«Lo escuché y lo olvidé; lo vi y lo entendí; lo hice y lo aprendí»*. Todas las virtudes humanas (la generosidad, la gratitud, el optimismo, etc.) son capacidades prácticas que se adquieren con... la práctica.

La práctica –el uso– es un gran maestro. Para vivir como un animal basta dejarse llevar por las tendencias naturales. Para vivir como un ser humano se requiere ponderar las diversas posibilidades que se presentan en cada momento, adoptar las mejores decisiones posibles y esforzarse por llevarlas a cabo. Se requiere inteligencia y esfuerzos reiterados, coraje. Sin un mínimo de inteligencia y de coraje ni se va a ninguna parte, ni se vence ninguna dificultad, ni se logra ser una buena persona. Ni, menos aún, un buen amigo. «*Virtud es fortaleza; ser bueno es ser valiente*», escribió Machado. Y Goethe dijo lo mismo a su manera: «*Esforzarse por hacer el bien es propio de gente valiente*». Para ser buenos amigos necesitamos valentía, coraje.

12. Malas amistades

Entre las personas se dan diversas relaciones más o menos permanentes a lo largo de la vida que suelen recibir el nombre de amistad pero que, a poco que se analicen, se advierte que no pueden calificarse como amistades verdaderas. Y algunas de ellas, que podrían calificarse de amistades, son amistades pero... malas.

a) Amistades «*de interés*»

Entre las relaciones que parecen y reciben con frecuencia el nombre de amistad sin serlo de verdad están las amistades «*utilitarias*» (o amistades «*de interés*»). Son relaciones en las que priman los intereses y los beneficios propios -generalmente, materiales- por encima del interés y del beneficio del otro. O en las que se pretende y exige una contrapartida de favores casi comercial. Es el *«te doy para que me des»* que surge siempre como fruto de una actitud mercantilista tan difundida en la cultura actual. Y es bien sabido que *«la amistad es una cosa y los negocios... otra cosa»*.

Los intereses económicos y el afán de estar *«bien»* relacionados o de alcanzar fama o poder, que dominan el mundo de los negocios y de la política (y, con cierta frecuencia, también el de la vida social), condicionan y limitan considerablemente el espacio en el que son posibles las relaciones personales sinceras, leales y desinteresadas tan propias de toda verdadera amistad.

En los ambientes mencionados no se suele valorar a las personas por ellas mismas, sino por lo que tienen o pueden. Es decir, por las ventajas económicas, políticas o sociales que se pueden conseguir de ellas o a través de ellas. Y, así, tener «amigos» es, para muchos, tener «posibilidades». Posibilidades de obtener recomendaciones y privilegios. En tales condiciones las amistades dejan de ser amistades, porque las relaciones dejan de ser desinteresadas y se instrumentalizan para lograr fines espurios. Y, cuando el móvil no es el bien del otro, la amistad se desnaturaliza y se convierte en *«falsa –engañosa– amistad»*. Muchos se dicen amigos de alguien cuando les interesa a ellos pero, cuando ese alguien necesita su ayuda, se alejan de él.

Algunas de estas mal llamadas amistades quizá no sean radicalmente malas si los fines que persiguen y logran no son malos. Lo malo son los medios. Lo malo es aparentar un afecto o un saludable interés por el bien y la felicidad del otro cuando no se tienen. Cuando se simulan los «*comportamientos amigables*» con el fin de recibir algo a cambio de una aparente amistad.

b) Amistades «*sentimentaloides*»

Algunas amistades primerizas, que no han tenido tiempo suficiente para forjarse y madurar ante las dificultades de la vida, suelen estar fundamentadas en meros sentimientos o afecciones: en el *me cae bien,* en el *me agrada*. Muchos no se percatan de que la amistad es un tipo de amor y que todo amor conlleva un sincero apreciar y, sobre todo, un real y sacrificado dar, *un darse*. Un dar al otro (por su bien) del propio tiempo, de las propias energías, de los propios saberes, de los propios bienes. En toda relación de amistad, el fervor de la sensibilidad, tan propio de los adolescentes, ha de ceder la prioridad a unas generosas y bien ponderadas decisiones de la voluntad. Porque el verdadero amor de amistad y los correspondientes servicios al amigo no han de arrancar del apetecer, sino del querer, del querer sinceramente y procurar el bien del otro.

Es decir, el afecto y las ayudas al amigo no deben surgir exclusivamente de los sentimientos (por muy sublimes que sean) si se pretende que arraiguen en el modo de ser y actuar, porque todo amor verdadero se origina, crece y madura gracias a un buen uso de la inteligencia (que pondera con prudencia la valía del amigo) y gracias a específicas decisiones del corazón (que decide apreciar y ayudar desinteresadamente).

Como todo amor, el amor de amistad no se puede basar en un mero *apetecer* o en un *sentir,* sino que *precisa* de una decidida voluntad de amar –de servir– al amigo.

c) Amistades *egoístas*

A los «*amigos*» egoístas, a quienes se ocupan casi exclusivamente de sí mismos, Cicerón los colocó a la altura de los rumiantes y los describió así: «*Quienes, como animales de pezuña, lo miden todo por el rasero del beneficio propio o del placer no pueden alcanzar –ni con la mirada ni, menos aún, con sus acciones– las cosas altas, magníficas y divinas que habitan en y surgen de lo más íntimo del corazón de los buenos amigos*».

Muchos jóvenes se tratan y aprecian porque (y mientras) disfrutan ellos de la compañía y de los favores del amigo, pero no se proponen sacrificarse seriamente por su amigo. No saben *dar prioridad* al amigo sobre sus gustos y apetencias personales. No saben amar (servir) al otro de manera desinteresada. La mayoría no son capaces de amar por carecer de la voluntad de hacerlo o por carecer del necesario *entrenamiento,* de la necesaria capacidad práctica, de la virtud. Son egoístas, gentes limitadas, que piensan exclusivamente en ellos y son incapaces de amar a nadie distinto de ellos mismos. Sabiamente aconseja un viejo refrán: «*Con los egoístas, un trato ni de vista*».

d) Amistades *hedonistas*

No parece que puedan existir amistades hedonistas, porque los hedonistas son esencialmente egoístas. Solo se interesan por el bienestar ajeno si... favorece el deleite propio. Quien esté dominado por el afán del propio deleite no podrá interesarse y ayudar a otros con una sincera generosidad. No podrá ser amigo ni tener amigos de verdad.

Llamo también «*amistad*» hedonista a la de quienes se tienen un cierto afecto y se ayudan a buscar la felicidad a través del placer carnal, del producido por «*la buena vida*» o del que surge mediante el uso de sustancias que –como el alcohol, los estupefacientes o cualquier otro tipo de droga– estimulan en exceso el sistema nervioso y suelen acabar por deteriorarlo. A veces, de manera irreversible.

Buena parte de estos «*amigos*» suelen ser personas *débiles*, gentes que se dejan llevar por placeres «*fáciles*» de ínfimo valor. Entre estos esclavos del placer suelen abundar los *ignorantes*. Los que desconocen que, muchas veces a la corta y siempre a la larga, tales actividades placenteras, además de ser efímeras, deterioran la salud (la bondad) del cuerpo y la salud (la bondad) del alma.

La denominada «*buena vida*», bien diferente de «*la vida buena*», suele acabar mal para alguno de los amigos casi siempre. Y, en ocasiones, para ambos. Basta con atender, aunque sea someramente, los medios de comunicación para convencerse de esta penosa pero evidente realidad: «*Noches de placer, días de luto*».

e) Aprender a tiempo

Es obvio que conviene evitar todo tipo de amistades malas y rechazarlas cuando, por los motivos que fueren, se han producido. Entre otras razones, además de las vistas, porque los malos gozan de una felicidad muy negra.

Conviene tener presente también que, cuando las relaciones de amistad son malas, el mal entra como un loco en la vida de ambos amigos y se suele ir (cuando se va) poquito a poco. Así como el bien llama al bien, el mal llama al mal y «*quien mal anda, mal acaba*».

Es decir, cuando el comportamiento moral de los amigos se deteriora, hasta la verdadera amistad, por muy verdadera amistad que haya sido o pretenda ser, deja fácilmente de ser amistad. Porque, cuando la amistad se rebaja hasta convertir a los amigos en cómplices de sus respectivas miserias, la relación entre ambos se convierte en un penoso y triste compadreo que no merece el nombre de amistad.

Son muy numerosos, y están preñados de clarividente sensatez, los consejos que aparecen en el libro de los Proverbios sobre tan importante cuestión. Transcribo unos pocos que, aunque están escritos hace siglos, son siempre actuales: «*No te hagas amigo de borrachos ni trabes amistad con comilones, mira que el comilón y el bebedor empobrecerán de seguro*»; «*No ten-*

gas amistades con perversos ni envidies al impío, pues no tiene buen fin el hombre impío»; «No te acompañes nunca de iracundos ni vayas con los hombres inmorales, para que no se te peguen sus maneras». Y es bien sabido que todo se pega menos la hermosura.

Una buena amistad es como la síntesis y culminación de las capacidades valiosas que puede desplegar el ser humano. Por ello, se trata de acertar a la hora de elegir a los amigos o, al menos, de saber a qué atenerse en cada elección que se hace porque, en los aspectos básicos de la existencia, *«el que la hace, la paga»*. La vida moral tiene sus leyes, y enriquece y mejora a quien las conoce y se atiene a ellas, pero empobrece y deteriora a quien no las conoce o no las tiene en cuenta a la hora de vivir. A todos nos conviene poner los medios para acertar en la elección de los amigos porque, en las relaciones de amistad, nos jugamos una parte importante de la felicidad.

II. ¿AMIGO DE JESUCRISTO?

1. «¡Jesucristo vive!»

La vida nos sonríe, porque la muerte no tiene la última palabra. ¡La muerte no pudo con la Vida, porque Jesucristo resucitó de entre los muertos y vive! Y, por tanto, los seres humanos tenemos motivos suficientes para vivir y morir alegres. Con razón proclaman los cristianos tras la Resurrección: ¡Alegrémonos y regocijémonos todos!

La Resurrección de Jesucristo es un hecho histórico. Un acontecimiento que descifra el sentido de la Creación, esclarece el asombroso misterio de la Encarnación y confirma nuestra fe en su divinidad. Y, junto con la fe en su divinidad, confirma también las esperanzas depositadas en Él y en sus promesas. Esta verdad histórica –verificada y atestiguada por numerosos testigos fiables– colma de felicidad nuestro corazón. Pero hay más, porque si en la Encarnación el Hijo de Dios se hizo hombre y en la Resurrección derrotó a la muerte, con su posterior Ascensión al cielo Jesucristo introdujo su humanidad en la Gloria eterna. Ahora, junto a Cristo, *toda vida humana puede tener un final feliz definitivo.*

Los Apóstoles no pudieron inventarse la resurrección, porque les parecía imposible. De hecho, ellos mismos relatan cómo Jesucristo les echó en cara su incredulidad y cómo, cuando le vieron resucitado, tuvieron que rendirse ante la innegable evidencia de su presencia. Por esto la Sagrada Escritura insiste: «Ten confianza» (*Mt* 14, 27), «que se reanime tu corazón. ¡Espera en el Señor!» (*Sal* 26, 14). Y añade: «Fiel es quien hizo la promesa» (*Hb* 4, 12). Y el mismo Jesucristo –que jamás defrauda nuestras expectativas y que desea ser nuestro amigo– nos dice, como a los apóstoles de la primera hora: «No perdáis vuestra confianza» (*Hb* 10, 35); «¡Alegraos con la esperanza!» (*Rm* 12, 12).

Al confirmar nuestra confianza en Él mediante su victoria sobre la muerte y su ascensión al Cielo, Cristo ha hecho posible que podamos caminar felices por la tierra con la seguridad de poder alcanzar, junto con Él, el éxito total y definitivo en el Cielo. Él mismo lo promete: «El que cree en el Hijo tiene la vida eterna» (*Jn* 3, 36) ya que «en ningún otro está la salvación; pues no hay ningún otro nombre bajo el cielo dado a los hombres por el que tengamos que ser salvados» (*Hch* 4, 12). La Resurrección de Cristo es la única casilla sobre la que vale la pena jugar en el tablero de la vida.

a) Una amistad especial

Ahora bien, la amistad con Jesucristo resucitado es una amistad especial. Es especial porque, además de verdadero hombre, es Dios: el Verbo de Dios encarnado, «la imagen (visible) del Dios invisible» (*2 Co* 4, 4). Y también porque ahora no le vemos ni le escuchamos de la misma manera que vemos y escuchamos a otros amigos, o que le vieron y escucharon sus discípulos hace veinte siglos.

Ahora los cristianos nos comunicamos con Jesucristo y nos unimos a Él por medio de la Fe. Gracias a la firme convicción de que es Dios, de que vive y nos mira y escucha siempre, en todo momento. Y de que nos habla al corazón. Esta comunicación con Jesucristo tiene unas características diferentes a las que se dan en el trato con los demás amigos, pero conlleva grandes ventajas, que hemos de aprender a tener en cuenta y aprovechar.

Lo primero que hemos de tener en cuenta para tratar con Jesucristo resucitado –y para vivir en estrecha amistad con Él– es que no basta con tener una idea general de Él y de su doctrina salvadora, sino que hemos de introducirnos en su vida –en los Evangelios– como un personaje más de aquella época. Hemos de introducirnos y participar en las escenas, contemplarle de cerca, mirarle a los ojos.

Podemos leer los evangelios y examinar su vida «desde lejos», como quien descubre unos testimonios históricos, como un espectador ajeno y distante a los acontecimientos que se narran. Pero podemos leerlos también como espectadores protagonistas, mezclándonos con quienes veían, escuchaban y trataban directamente a Jesús. O, mejor aún, procurando penetrar en sus gestos, en su mente y en su corazón, para así conocerle bien y poder admirar e incorporar a nuestra vida detalles y actitudes de su manera de ser: «*Las palabras de Cristo están llenas de sabiduría y amor, pero sus gestos, su compostura, su modo de vestir, de reír y de llorar... nos hablan tanto como sus palabras. Necesitamos situarnos en las escenas y utilizar la imaginación con detenimiento. Solo una mirada así nos hará descubrir cómo es Jesús. Si nos detenemos en las escenas de la vida de Jesús, comprobaremos que su presencia nos enseña tanto como sus palabras. Se trata no ya de leer el Evangelio, sino de mirar y escuchar a Jesús*» (Schlatter).

Solo así, buscando a Jesucristo en la Sagrada Escritura podremos conocerle bien. No podemos leer los Evangelios tan solo para extraer alguna verdad o alguna sentencia que nos pueda servir para mejorar nuestra conducta. Los Evangelios –Palabra de Dios– no son unos poemas, ni un conjunto de pensamientos, ni libros entregados a los cristianos para la meditación. Son más, mucho más. Son el propio Dios que actúa y me habla. Son una persona, Jesucristo, con quien tenemos que encontrarnos: «*Leer la Sagrada Escritura no es un acto pasivo, sino que comporta una activa búsqueda y el posterior encuentro*» (Scott Hann).

Los cristianos sabemos que Jesucristo vivió en Palestina hace veinte siglos. Y sabemos también que murió en la cruz, fue enterrado y resucitó al tercer día. Y que, después de resucitado y tras convivir un tiempo con sus discípulos, marchó al cielo. Sabemos que se marchó, pero sabemos también que no nos dejó huérfanos: «No os dejaré huérfanos. Me voy y vuelvo a vuestro lado» (*Jn* 14, 18), dijo a los apóstoles antes de ascender a los cielos. Jesucristo se fue, pero también se quedó. Ahora bien, ¿dónde podemos encontrarle –hoy, ahora– para comunicarnos con Él, tratarle de cerca, conocerle cada día mejor y hacernos sus amigos?

b) ¿Dónde encontrarse con Jesucristo?

Jesucristo se quedó en la tierra de manera permanente en su Palabra (en los Evangelios) y en los sacramentos y en la Liturgia. Y en cada uno de los seres humanos. Porque Dios también *«está en la vida de cada uno»* (Francisco), pues todos estamos hechos a su imagen y semejanza.

Ya hemos dicho que Jesucristo –la Palabra de Dios hecha carne– se quedó en los diversos relatos que algunos discípulos escribieron sobre lo más importante que hizo y enseñó mientras anduvo por la tierra. Relatos que se recogen principalmente en los Evangelios y que la Iglesia conserva cuidadosamente con la clara conciencia de poseer y guardar un tesoro único especialmente valioso, porque Jesucristo es la Palabra Eterna –siempre actual– de Dios. San Juan de la Cruz lo dijo así: *«Porque (Dios) en darnos, como nos dio a su Hijo, que es una Palabra suya y no tiene otra, todo nos lo habló junto y de una vez en esta su Palabra. Y no tiene más que hablar»*.

Por esto el Evangelio debe ser el libro de lectura y meditación habitual de todo cristiano que pretenda amistarse con Cristo, la luz de su alma. En él se descubre a Jesús como Dios y también como hombre: como ser humano que padece hambre y sed, y que se cansa de tanto caminar por tierras de Palestina para dar a conocer a su Padre Dios.

Leyendo y meditando la vida de Jesucristo se advierte también cómo nos ama y cómo nos interpela a cada uno en la actualidad de cada siglo: «*Es importante que todo cristiano viva en contacto y en diálogo personal con la Palabra de Dios que se nos ha entregado en la Sagrada Escritura. Un diálogo personal, porque Dios habla con cada uno a través de la Escritura Santa y tiene un mensaje para cada uno. Debemos leer la Sagrada Escritura no como palabra del pasado, sino como Palabra de Dios que se dirige a nosotros. Y tratar de entender qué nos quiere decir el Señor*» (Benedicto XVI). El mismo Benedicto XVI, en el primer mensaje que envió a un joven periodista que le preguntaba por Twitter sobre «*cómo podemos vivir mejor el Año de la Fe en nuestro día a día*», le contestó: «*Dialoga con Jesús en la oración, escucha a Jesús en el Evangelio, encuentra a Jesús presente en el necesitado*».

Si queremos conocer bien a Jesucristo, hemos de introducirnos en los relatos evangélicos con renovado interés porque, como dijo san Jerónimo: «*Quien desconoce la Escritura, desconoce a Jesucristo*». Solo mediante la lectura y la meditación asidua de la Sagrada Escritura se puede adquirir «la sublimidad del conocimiento de Cristo» (*Flp* 3, 8). Se trata de escucharle para dejarse tratar por Él. Para dejarle tomar la iniciativa y hacernos sus amigos.

c) Está en la Iglesia

Ahora bien, dado que ninguno de nosotros vivimos en Palestina con Jesucristo hace ahora veinte siglos, también nos es necesaria una cierta fe en la Iglesia para aceptar que los textos evangélicos que han llegado hasta nosotros son históricos. Es decir, que son *auténticos* (fueron escritos en aquella época y por un autor conocido); *verídicos* (el autor conoció los sucesos que relata y no quiere engañar); e íntegros (han llegado hasta nosotros sin alteración sustancial). La fe en la Iglesia es necesaria para creer que los Evangelios recogen con verdad todo lo que relatan (es decir, que todo lo que relatan ocurrió). Es bueno saber que el Nuevo Testamento es, con gran diferencia, el libro mejor documentado de toda la antigüedad.

Jesucristo prometió su particular asistencia divina al primer Papa (a san Pedro) y a todos sus sucesores para que pudieran llevar a cabo la misión de transmitir con fidelidad su vida y enseñanzas: «Yo estaré con vosotros siempre, hasta el fin del mundo», les dijo (*Mt* 28, 20). Jesucristo está en su Iglesia, nos encontramos con Él en su Iglesia y nos salva mediante su Iglesia. Especialmente mediante la predicación del Evangelio y la celebración de los sacramentos. Porque la Iglesia es, ante todo y sobre todo, Jesucristo. En la Iglesia, lo verdaderamente importante es Jesucristo.

De aquí que, además de encontrarle en los Evangelios y en la Liturgia (principalmente en la celebración de la Sagrada Eucaristía), a Jesucristo le podemos encontrar también en cada uno de los miembros de su Iglesia, en sus amigos cristianos. Porque Jesucristo está presente de manera singular en todos los miembros de su Iglesia, en todos los que *se han incorporado a Él* mediante el Bautismo y *colaboran* con Él en su misión salvadora. De una manera sublime y misteriosa cada cristiano es otro Cristo que pasa, una y otra vez, junto a sus hermanos los hombres. Otro Cristo que les ama –que ha de procurar amarles– con el mismo amor humano y divino de Jesucristo. Nuestra misión de cristianos consiste en mostrar a los demás, con la vida y con palabras, toda la ciencia y todo el amor que hay en el Corazón de Jesucristo.

Jesucristo mismo nos encargó que fuéramos fieles cooperadores suyos cuando dijo: «Id y haced discípulos a todos los pueblos, bautizándolos en el nombre del Padre y del Hijo y del Espíritu Santo; enseñándoles a guardar todo cuanto os he mandado» (*Mt* 28, 19-20). Ahora bien, el único modo de ser fieles cooperadores en su amoroso designio salvador es vivir la propia vida muy unidos a Él. Solo así podremos darle a conocer, porque solo la íntima amistad con Cristo nos capacita para hacerlo. Solo siendo portadores de Jesucristo podremos ser anunciadores suyos. San Josemaría lo dijo así: «Hijos de Dios. –Portadores de la única llama capaz de iluminar los caminos terrenos de las almas, del único fulgor, en el que nunca podrán darse oscuridades, penumbras ni sombras. –El Señor se sirve de nosotros como antorchas para que esa luz ilumine... De nosotros depende que muchos no permanezcan en tinieblas, sino que anden por senderos que llevan hasta la vida eterna» (*Forja* 1). Y san Pablo escribió: «Nuestra capacidad viene de Dios» (*2 Co* 3, 5).

Conviene recordar también que Dios «quiere que todos los hombres se salven y lleguen al conocimiento de la Verdad» (*1 Tm* 2, 4). Verdad que es Cristo mismo, como les dijo a sus discípulos y nos dice también a cada uno ahora: «Yo soy el Camino, la Verdad y la Vida» (*Jn* 14, 6). Para llevar a los demás hasta Jesucristo, es necesario estar muy unidos a Él y... hablar de Él. Quien no habla de Jesucristo con su vida y con sus labios es porque, quizá, no lo lleva ni en su cabeza ni en su corazón.

d) Está en la Eucaristía

1) Un milagro permanente

Jesucristo se quedó y permanece en la tierra también de otras maneras. Se quedó y está presente en toda la Liturgia (en el culto) de la Iglesia pero, de una manera espectacular, admirable e inimaginable se quedó y está en la Sagrada Eucaristía. Y se ha quedado bajo las humildes apariencias de un trozo de pan y un poco de vino: «Tomad y comed, esto es mi cuerpo» (*Mt* 26, 26).

La presencia real de Jesucristo en la Eucaristía es un milagro permanente que nos permite vivir en una cercanía física y espiritual con Él que jamás podríamos haber soñado: «*Agiganta tu fe en la Sagrada Euca-*

ristía. –¡Pásmate ante esa realidad inefable!: tenemos a Dios con nosotros, podemos recibirle cada día y, si queremos, hablamos íntimamente con Él, como se habla con el padre, como se habla con el Amor» (*Forja* 268).

De manera prodigiosa Jesucristo mismo –el mismo que vivió, murió y resucitó en Palestina hace veinte siglos– se hace presente sacramentalmente sobre la tierra (y se queda a disposición de quien quiera acercarse a Él) cada vez que uno de sus ministros (un sacerdote) cumple con los requisitos necesarios para que durante la solemne y festiva celebración de la Eucaristía se haga presente y se quede bajo las humildes apariencias del pan y del vino. Solo a un Dios hecho hombre que nos ama con locura se le pudo ocurrir hacer algo así: *irse y quedarse*. Quedarse a nuestra disposición por amor. Jesús es Dios, un Dios cercano y solícito, siempre disponible para que nos acerquemos a Él y para que le tratemos y seamos sus amigos.

Vale la pena el esfuerzo de profundizar en esta realidad sublime de la presencia real de Jesucristo en la Eucaristía. Sus discípulos nos cuentan que la víspera de su Pasión (el Jueves Santo) tomó pan en sus santas y venerables manos y elevando los ojos al cielo hacia su Padre todopoderoso, dando gracias, le bendijo, partió el pan y se lo dio a sus discípulos diciendo: «Esto es mi cuerpo, que es entregado por vosotros. Haced esto en memoria mía» (*Lc* 22, 19). Y del mismo modo, acaba la cena, tomó un cáliz en sus santas y venerables manos, dando gracias de nuevo, bendijo al Padre y lo dio a los discípulos diciendo: «Tomad y bebed todos de él, porque este es el cáliz de mi sangre, sangre de la Alianza Nueva y Eterna, que será derramada por vosotros y por todos los hombres para el perdón de los pecados. Haced esto en conmemoración mía». Es esta una de las verdades más admirables y consoladoras de la Fe cristiana. Uno de los milagros más fascinantes que realizó Cristo y que perduran en el tiempo.

Su presencia real en la Eucaristía es un misterio grande. Es decir, una gran luz. Una luz tan poderosa que deslumbra nuestra mente y maravilla nuestro corazón con la fuerza de su extraordinaria y asombrosa realidad. Luz grande que nos deja perplejos, pero que ilumina. Ilumina y enciende nuestras almas con el entrañable amor que conlleva. Perder la realidad de la presencia de Jesucristo en la Eucaristía es perder la conciencia del amor que Dios nos tiene. Es la muerte del alma.

El misterio de esta presencia real de Jesucristo en la Sagrada Eucaristía es una verdad incomprensible en su totalidad para la limitada inteligencia humana. Es misterio de Fe, verdad incomprensible totalmente, pero realidad: realidad dichosa y coherente con el amor y el poder de Jesucristo. Es fácil de creer para quien se percate de cómo es Cristo. Es cuestión de fiarse de Él, de creer que sus palabras son garantía suficiente para justificar nuestra seguridad en que la pronunciación obediente de sus palabras por parte del sacerdote durante la celebración de la Eucaristía producen lo que afirman: «*Esto es mi cuerpo*».

Esta maravillosa decisión la fue anunciando Jesucristo de manera progresiva tiempo antes de la Cena del Jueves Santo y, como era de esperar, producía estupor entre aquellos seguidores suyos de los comienzos, porque afirmaba que su carne sería verdaderamente comida y su sangre, verdaderamente bebida. Y que quien no comiera de su carne y bebiera de su sangre no gozaría de la vida eterna junto a Él: «En verdad, en verdad os digo que, si no coméis la carne del Hijo del Hombre y no bebéis su sangre, no tendréis vida en vosotros. El que come mi carne y bebe mi sangre tiene vida eterna, y yo le resucitaré en el último día» (*Jn* 6, 53-54). Algunos no le creyeron y le abandonaron. Otros se fiaron plenamente de Él –le creyeron– y cultivaron con Él una amistad más fuerte que la muerte.

2) Dialogar con Él

En resumen: para encontrarse con Jesucristo, tratarle y vivir unidos a Él, debemos *buscarle a diario*. Y le encontramos en la Palabra, en la Liturgia (sobre todo en la Eucaristía, ya lo he dicho), en los demás y también en nosotros mismos cuando conversamos con Él al hacer oración: *Hay un solo modo de crecer en la familiaridad y en la confianza con Dios: tratarlo (...), hablar con Él, manifestarle –de corazón a corazón– nuestro afecto* (*Amigos de Dios* 294). El sendero que conduce a la amistad con Cristo es *la perseverancia* en la oración, en el trato mantenido con Él.

Santa Teresa escribió que: «*No es otra cosa la oración mental sino tratar de amistad, estando muchas veces tratando a solas con quien sabemos nos ama*».

Y esto en momentos específicos previstos con antelación para dedicarnos al trato exclusivo con Él o en cualquier otro momento porque, como decía san Juan Crisóstomo: «*Es posible hacer frecuente y fervorosa oración incluso en el mercado, en un paseo solitario, sentados en vuestra tienda, comprando o vendiendo, o incluso haciendo la cocina*».

Es decir, podemos dialogar con Jesucristo en cualquier momento del día (y de la noche), porque Él «*quiere entrar en comunión de amor con cada uno en la trama de las ocupaciones de cada día, en el contexto ordinario en el que se desarrolla la existencia*» (san Juan Pablo II). «*Toda la jornada puede ser tiempo de oración: de la noche a la mañana y de la mañana a la noche*» (*Es Cristo que pasa* 119). San Gregorio Nacianceno afirmaba: «*Es necesario acordarse de Dios más a menudo que de respirar*».

Los cristianos debemos conversar de continuo con Jesús si queremos ser sus amigos. Y debemos también recibirle en la Sagrada Comunión con toda la frecuencia posible. Y con la clara conciencia y el agradecido asombro de que, al recibirle, «*somos recibidos por Él*».

Quien no conozca bien los Evangelios ni se acostumbre a dialogar a diario con Jesús, no le podrá conocer ni querer bien. Y quien no le reciba dignamente en el Pan eucarístico con la mayor frecuencia posible, tampoco podrá ser su amigo ni le podrá amar de verdad, porque no recibirá ni la luz ni la fuerza ni el amor que proporciona tal unión. Y no podrá ser consciente de lo que ha sido capaz de realizar ¡todo un

Dios! para hacerse tan cercano –¡totalmente asequible!– a cada uno de nosotros. No es compatible con el amor a Jesucristo despreciar la posibilidad de hacerse especialmente íntimo con Él durante, al menos, unos minutos al día.

e) ¿Soy consciente de cuánto me quiere Jesucristo?

No hay experiencia más fuerte que asistir a la muerte de un amigo íntimo. No parece posible el acostumbramiento para casos así. Sin embargo, los cristianos corremos el riesgo de habituarnos a ver las imágenes de Jesús –nuestro mejor amigo– muriendo en la cruz. Y de no pensar en Él cada vez que las vemos. De no pensar ni en su dolor ni en todo su amor tan mal correspondido, que pone de manifiesto el acontecimiento histórico que representan las imágenes: ¡todo un Dios que se hace hombre y –¡crucificado!– entrega su vida para salvarme! Y lo mismo puede ocurrirnos ante su presencia –¡siempre disponible!– en la Sagrada Eucaristía.

La fe cristiana no es aceptación de una doctrina sublime. *La fe es respuesta personal de amor* tras experimentar que he sido (que soy) amado y salvado por Jesucristo de manera personal. Es conciencia –convicción– de que Jesucristo se ha encarnado y se ha enfrentado a la brutalidad de la Pasión y de la Muerte ¡por amor a mí! ¡Para salvarme a mí! Es conciencia y convicción de que ¡ha dado su vida por mí y me ha salvado! de la sujeción al demonio, de la esclavitud del pecado y de la muerte eterna.

Todos corremos el grave peligro de ser unos inconscientes desagradecidos con nuestro Creador y olvidarnos del amor sublime que nos ha manifestado y manifiesta en Jesucristo. Dios, en Jesucristo, por medio de la Encarnación se ha unido a cada ser humano. Y me ama a mí personalmente. Este es el secreto más íntimo y querido de cada ser humano, nuestro consuelo y nuestra esperanza. La fuente de nuestra alegría: Cristo que me ama y murió ¡por mí! Y, a su amor incondicionado, solo cabe responder con mi amor incondicionado. De aquí que san Juan recuerde que: «En eso está el amor, no en que nosotros hayamos amado a Dios, sino en que Él nos amó primero y envió a su Hijo, como propiciación por nuestro pecados» (*1 Jn* 4, 10). Y «Amor con amor se paga».

Jesucristo me conoce bien. Sabe de qué pasta estoy hecho, porque «Dios todo lo conoce» (*1 Jn* 3, 20). Con su mirada penetra en todos los recovecos de mi alma, porque es «más interior a mí que lo más íntimo mío» dijo san Agustín. Me conoce a fondo y me ama no porque yo sea más o menos atrayente, sino porque su Corazón alberga un amor infinito y Él «no hace acepción de personas» (*Ef* 6, 9).

Y Cristo, que me conoce y quiere mejor que nadie, ha querido ser (y es) mi hermano. Y desea ser mi mejor amigo: el Amigo por excelencia, el más entrañable que pueda tener. No es sensato ignorarle. He de buscarle a diario en mi alma en gracia: «*Buscadlo con hambre, buscadlo en vosotros mismos con todas vuestras fuerzas*» (san Josemaría), porque está siempre junto a cada uno, esperándonos. Y nos mira con el cariño infinito de su corazón amabilísimo. Y desea que mi mirada se encuentre con la suya. Se entiende que se pueda decir: «*¿Saber que me quieres tanto, Dios mío, y... no me he vuelto loco?*» (*Camino* 425).

En este trato íntimo con Jesucristo los cristianos experimentamos una y otra vez cómo es su Amor. Un amor desinteresado e incondicional. Un amor absoluto y permanente que da sentido pleno y definitivo a toda mi existencia ya que: «ni la muerte, ni la vida, ni los ángeles, ni los principados, ni lo presente, ni lo futuro, ni las potestades, ni la altura, ni la profundidad, ni ninguna otra criatura podrá separarnos del amor de Dios manifestado en Cristo Jesús, Señor nuestro» (*Rm* 8, 38-39).

Jesucristo siempre nos ayuda con su gracia, porque «sabe que somos polvo» (*Sal* 102, 14) y sabe que le necesitamos. Y porque, «por haber sido puesto a prueba en los padecimientos, es capaz de ayudar a los que también son sometidos a prueba» (*Hb* 2, 18). Pero nos ayuda respetando siempre nuestra libertad. Y no solo respetando nuestra libertad, sino mejorándola, porque nos habla al corazón, sugiere posibilidades (que resuenan en nuestra conciencia) y da fuerzas. Da las fuerzas necesarias para que nos comportemos como sus amigos. Pero nunca se impone.

Ahora bien, porque es Dios y nos quiere felices aquí en la tierra, y felices junto a Él en el Cielo, además de ayudarnos, también nos exige. Nos exige, anima y alienta para que, sacando lo mejor de nosotros mismos, sigamos las huellas de sus pisadas. Pero, conocedor de nuestra fragilidad, a la par que nos exige, nos disculpa y perdona cada vez que flaqueamos y no le seguimos de cerca. O cuando nos rebelamos contra sus divinos mandatos y nos alejamos de Él. Así lo expresaba el profeta Daniel hace siglos cuando escribió: «Aunque nosotros nos hemos rebelado, el Señor, nuestro Dios, es compasivo y perdona» (*Dn* 9, 8). Si nos alejamos de Él y traicionamos su amistad, como hizo su siervo David o el bueno de san Pedro, no se encoleriza ni nos rechaza, porque «es compasivo y misericordioso, lento a la ira y rico en misericordia» (*Sal* 102, 8).

El problema radica en que, con demasiada frecuencia, usamos mal de nuestra libertad y decidimos amarnos más a nosotros que a Él. ¡Cuántas veces nos olvidamos de Él y lo relegamos hacia lugares secundarios en nuestra diaria escala de prioridades! No le damos, ni en la cabeza ni en el corazón, la prevalencia que le es debida como Dios que es. Pero Él perdona siempre, y siempre nos busca para que regresemos junto a Él.

Dios, por Jesucristo, siempre perdona. Con infinita paciencia y anhelos divinos (como el padre del hijo pródigo) nos espera siempre a que, arrepentidos, volvamos a Él cuando nos hemos alejado en busca de compañías que, antes o después, se revelan como malas compañías. Dios en Jesucristo, que se inmoló en la cruz por salvarnos, nos espera, comprende y perdona a cada uno como si fuéramos su único hijo: «*¡Cuán* *grande es la misericordia del Señor y su perdón, para los que vuelven a Él!*» (*Ecl* 17, 28).

f) Amigo suyo, si yo quiero

Durante su paso por la tierra, Jesucristo dejó bien claro el amor que tenía a sus discípulos: «Vosotros sois mis amigos» (*Lc* 12, 4), les dijo. Y con frecuencia les recordó también la calidad del amor que experimentaban: «Como el Padre me amó, también yo os he amado» (*Jn* 15, 9). Jesucristo nos amó y nos ama con plenitud, porque «se entregó a sí mismo por nuestros pecados» (*Ga* 1, 4) y «nadie tiene amor más grande que el de dar la vida por sus amigos» (*Jn* 15, 13). Pero nos advierte que debemos corresponder con lealtad a su amor si queremos ser sus amigos: «Permaneced en mi amor» (*Jn* 15, 9). Y nos dice cómo lograrlo: «Vosotros sois mis amigos si hacéis lo que os mando. Ya no os llamo siervos, porque el siervo no sabe lo que hace su Señor; os digo amigos, porque todo lo que oí de mi Padre os lo he dado a conocer» (*Jn* 15, 15). Y «esto os mando: que os améis unos a otros como yo os he amado» (*Jn* 13, 34). En esta vida solo hay una manera de probar nuestro amor a Jesucristo: agradarle, cumplir su voluntad, que no es otra que amar a los demás, ayudarles a ser felices, servirles. Porque Él les quiere –ha dado su vida por cada uno– y así lo desea.

Jesucristo desea ardientemente que correspondamos a su amor con nuestro amor, a su amistad con nuestra amistad, porque sabe que solo junto a Él seremos felices en esta tierra y llegaremos felizmente al cielo. Sabe que solo junto a él triunfamos, que no hay nada mejor para nosotros que cultivar su amistad y disfrutar junto con Él de cada instante de la vida. Pero no impone su ofrecimiento. Queda a la espera de nuestra libre respuesta. Solo al tratarle se descubre que: «*Nada hay más hermoso que haber sido alcanzados, sorprendidos por Jesucristo. Nada más bello que conocerle y tratarle*» (Benedicto XVI).

Todos los seres humanos podemos ser sus amigos si queremos. Ya lo dijo hace tiempo el experimentado san Agustín: «*Amicus Dei essem si voluero*» (sería amigo de Dios si quisiera). Y es bien fácil ser su amigo. Basta con cultivar su amistad. Se tratará, por tanto, de quedar a diario con Él –para conversar con Él, para hacer oración– y de *no faltar a las citas*. Al tratarle a diario iremos descubriendo y apreciando cada vez mejor su humana y divina valía, hasta llegar a apreciarle y amarle «*sobre todas las cosas*».

g) El amor se demuestra a diario

La amistad, como todo amor, se construye día a día. Es razonable dedicar cada día unos ratos específicos para conversar con Jesucristo, porque el que ama no se contenta con un deseo genérico de conocer a la persona amada ni con una aprehensión superficial de su manera de ser, sino que quien ama se esfuerza en profundizar en todo lo que pertenece a la persona que ama, para así penetrar más y más en su interior hasta compenetrarse con ella. La fidelidad diaria a las citas con Jesús es básica, porque sin trato diario no hay amor actualizado, amor real. El amor es así.

Con Jesucristo ocurre lo mismo que con los demás amigos: el conocimiento y el amor mutuo se reclaman y potencian, se retroalimentan. Y con Jesús podemos, además, llegar hasta la participación en *su* amorosa relación con Dios Padre y con Dios Espíritu Santo. Y redescubrir que nuestra condición cristiana es esencialmente filial. Que ¡somos hijos de Dios en Cristo por el Espíritu Santo! Y que nuestra confianza en Él es la de la alegre confianza de un hijo de Dios. Una confianza amorosa que introduce nuestra alma en el abismo de gozo que es la participación en la vida íntima de la Santísima Trinidad.

Quizá pueda ocurrirnos que sintamos cierto temor ante la posibilidad de acercarnos mucho a Jesucristo y de intimar con Él, porque advertimos que su amistad compromete (y estamos demasiado prendados de nuestra relativa independencia, de nuestra aparente autonomía). Por eso, a veces, nos mostramos remisos ante Jesús y no le buscamos (no hacemos oración). ¡Por miedo!, porque somos conscientes de que, si le tratamos, nos cambia la vida. Y no acabamos de fiarnos totalmente de Él. Somos, por desconfiados, ¡cobardes! Nos falta fe –¡confianza!– en Jesús que: «*Es tu amigo. –El Amigo. –Con corazón de carne, como el tuyo. –Con ojos, de mirar amabilísimo, que lloraron por Lázaro... –Y tanto como a Lázaro, te quiere a ti*» (*Camino* 422).

Para vencer este «temor», esta especie de prevención a ver coartada nuestra libertad, conviene tener presente que nuestra libertad no es fin, sino medio. Y que todos la empleamos a diario en lo que amamos y hacemos. Y que la disyuntiva es siempre la misma: amarme yo (y a mis cosas) con prioridad a Dios, y comprometerme y ocuparme solo de mí mismo (y de mis cosas), o... amar con prioridad a Dios y *(«por Él y con Él»)* amar a los demás seres humanos, y amarme también a mí mismo (y a mis cosas).

No existen alternativas: o primero Dios o primero yo. Cada uno decide. Lo inteligente es emplear la libertad en la servidumbre más valiosa de las posibles: en la amistad con Jesucristo. Porque la experiencia enseña que la amistad con Jesús es fuente de una paz y de una felicidad insuperables. Y que los ratos de conversación con Él (los ratos de oración) son oasis que ayudan a restaurar las fuerzas y a reorganizar las prioridades de la cabeza y del corazón. Y, por tanto, a confirmar o rehacer los planes de futuro, a reorientar rumbos. En definitiva, a vivir seguros y serenos con el claro sentido que proporciona la perspectiva sobrenatural que nos señala quien es hombre y también Dios.

Es cuestión de no vivir nunca solos, de vivir siempre junto con Cristo. De elegirle como el principal interlocutor de nuestras habituales conversaciones interiores que, sin Él, se convierten en solitarios y tristes monólogos sin más trascendencia que... seguir tirando.

2. *Amistad y felicidad*

a) ¿Qué causa felicidad?

La felicidad es la vocación universal. Los deseos de felicidad que tenemos todos los seres humanos son irrenunciables. Todos queremos ser felices. Todos deseamos vivir con paz interior, con libertad y en feliz armonía con el mundo y con los demás. Y con una segura y serena confianza en el futuro. Y también con la suficiente capacidad para comprender y aceptar el sentido de las posibles desgracias que nos ocurran en esta vida. Es decir, para conocer, aceptar y disfrutar del sentido pleno –último– de nuestra existencia: del *por qué* y del *para qué* estamos aquí.

Ahora bien, la felicidad no es solo algo teórico, no es solo algo que nazca de la consideración racional de unas realidades favorables. Es cierto que la felicidad hay que pensarla para descubrirla y saborearla pero, sobre todo, hay que experimentarla, hay que sentirla. Y, para sentir y saborear la propia felicidad, hay que *disfrutar* de la vida. Hay que ser muy hipócrita o muy puritano para negar la estrecha relación que existe entre el disfrute de la vida y la felicidad. Porque ocurre que, cuanto más felices somos, más a fondo disfrutamos de la vida. Y viceversa. A mayor disfrute, mayor felicidad aneja.

Ahora bien, no todo disfrute es igual de suculento, porque no todo disfrute nace de iguales motivos ni nos hace igual de felices. Algunos cifran el nivel de felicidad de su vida en el mero disfrute de placeres sensibles. Otros, en la posesión de muchos y selectos bienes materiales. Otros, en los éxitos alcanzados. Otros, en cualquier cosa. Pero pronto se descubre que ahí no está la felicidad. Que ni el disfrute de muchos placeres, ni de las posesiones materiales conseguidas (por ingentes que sean), ni de los éxitos profesionales, sociales o deportivos (perseguidos a veces con tanta ilusión y esfuerzo durante años), nos *satisfacen con plenitud*. ¡Cuántas veces, tras las «victorias» logradas, experimentamos una desconcertante sensación de vacío y nos preguntamos: ¿esto era todo?!

Siempre nos falta algo para ser plenamente felices. Y suele ocurrir que no advertimos con claridad *qué* nos falta para disfrutar con plenitud de la vida y experimentar esa felicidad honda y permanente a la que aspiramos. ¿Qué nos conviene hacer? ¿Qué podría satisfacer plenamente esa insondable nostalgia de felicidad que todos llevamos arraigada en el fondo del corazón? ¿Por dónde buscar?

Veámoslo con calma, paso a paso, porque el asunto no es baladí.

A poco que reflexionemos, enseguida nos percatamos de que unas felicidades de las que gozamos son más *hondas* que otras. Y también de que algunas son más *duraderas* que otras. Y descubrimos también que hay felicidades *que llegan* sin haberlas buscado, mientras que hay otras para las cuales *podemos preparar el camino*. Es decir, parece que unas felicidades y su correspondiente disfrute son *un regalo* inmerecido, mientras que otras *dependen de lo que hagamos*, son fruto de un logro personal. De aquí que sea necesario percatarse de esta diversidad de felicidades que sentimos y disfrutamos y, lo que es más importante, descubrir *las diversas causas* que las motivan. Y, tras descubrir las causas, adquirir un cierto espíritu de conquista porque, para ser felices, hay que decidirse a serlo.

¿Cuál puede ser la causa (si la hubiere) de esa felicidad plena y duradera a la que todos aspiramos? ¿De esa felicidad que no depende de la casualidad, ni de los buenos o malos momentos, ni de que nos encontremos llenos de vigor o mal dormidos, sanos o enfermos, viejos o cansados? Nos interesa descubrirla cuanto antes con el fin de prepararle el camino y poder alcanzarla para que la degustemos y nos embriague durante el mayor tiempo posible.

El genio de Romano Guardini, que estudió este problema con toda la profundidad que requiere, se expresó así: «*Esa felicidad honda y permanente a la que aspiramos no la dan ni el dinero, ni una vida cómoda, ni el hecho de que la gente nos admire y honre, por más que todo esto pueda influir sobre ella. Procede, antes bien, de las acciones nobles: del trabajo bien hecho; de una palabra llena de bondad que hemos pronunciado o hemos oído; de haber luchado y vencido contra algún defecto; o de haber llegado a ver claro algún asunto importante. Y, con todo, tampoco es ahí donde radica la fuente de la plena felicidad. Porque esa fuente es todavía más honda, dado que reside en el fondo del propio corazón. Allí donde habita Dios, porque Dios mismo es la fuente de la felicidad*».

Y continúa: «*La felicidad que proporciona la amistad con Dios nos hace anchos y luminosos por dentro. Nos enriquece, nos fortalece y nos hace independientes de los cambiantes acontecimientos externos. Lo que nos pase exteriormente ya no puede afectarnos cuando somos felices junto a Dios. Más aún, solo quien goza de esta felicidad que da la amistad con Dios puede adoptar una actitud correcta ante la vida. Porque solo quien vive junto a Dios, ve y disfruta de todo lo que es grato y bello en su verdadero y pleno resplandor*». La amistad íntima con Dios permite descubrir en todos los instantes de cada día motivos suficientes para disfrutar felizmente de la vida con plenitud. Con toda la razonable plenitud que es posible en esta tierra, porque aquí, pronto lo aprendemos, no existe una felicidad absoluta.

Solo soy feliz cuando me convenzo de que Dios es mi Padre y me quiere. Y de que en su plan de salvación tiene previsto un papel importante para mí junto con Jesucristo. Más aún, soy plenamente feliz cuando me decido a vivir de acuerdo con esta voluntad divina para mí. Es decir, cuando me decido a vivir cercano a Él: a amarle a Él y, con Él y por Él, a los demás. Y así disfruto amando. Es decir, solo disfruto y soy plenamente feliz cuando me decido a vivir para Dios. Solo entonces «se alegra de verdad mi espíritu en Dios mi creador» (*Lc* 1, 47). San Josemaría escribió algo que tenía bien experimentado: «Darse sinceramente a los demás es de tal eficacia, que Dios lo premia con una humildad llena de alegría» (*Forja* 591). Se entiende que los cristianos coherentes vivan felices, porque la amistad cristiana

–el hecho de participar de la amistad de Cristo– es la única fuente de verdadera y plena felicidad.

Ahora bien, al aprender a amar a Dos y a los demás, hemos de aprender también a convivir con un cierto sufrimiento, con un cierto dolor, porque esto no es el Paraíso y ningún amor humano logra ser perfecto en esta tierra. Sin embargo, el dolor que a veces acompaña al amor no es incompatible con esa felicidad honda y serena que surge al vivir amando. Quien haya aprendido a amar en cristiano sabe que esto es así, que el amor y el dolor viajan en el mismo carruaje, que en esta tierra todo amor tiene *«su cara y su cruz»*, porque conlleva entregas, renuncias, abnegación. Y conlleva también aprender a soportar el mal. El mal que asoma de diversas maneras en nosotros mismos y en los demás. Renunciar a amar para evitar posibles sufrimientos no es solución. Entre otros motivos, porque no hay mayor dolor que vivir sin amores.

b) La amistad con Cristo y la felicidad

Sabemos también que buena parte de nuestra felicidad consiste en un estado de ánimo que depende de *saber lo que pretendemos* en la vida, y de *estar contentos* con nosotros mismos, y de la *actitud positiva* que mantengamos, y de la *calidad de las relaciones* que tenemos con las personas que tratamos. Ahora bien, de todas las relaciones que cultivamos, la amistad con Cristo produce una felicidad tal ya en esta tierra que *engrandece y embellece* todas las otras felicidades: las grandes y las pequeñas, las coyunturales y las permanentes, las gratuitas y las logradas. Más en concreto: al vivir en amistad con Cristo, todas las demás amistades –todos los demás disfrutes, todos los amores– se realzan y mejoran.

Más aún. A pesar de los sufrimientos que puedan surgir al vivir amando, nuestro caminar terreno junto a Cristo, además de alegre, será siempre optimista, porque sabemos que acaba bien: en la plena y definitiva felicidad eterna del Cielo. Porque, «si el amor aquí en la tierra da tantas alegrías, ¿cómo será en el cielo, cuando toda la grandeza de Dios, toda la Sabiduría de Dios y toda la Hermosura de Dios, toda la vibración, todo el color, ¡toda la armonía!, se vuelquen en ese vaso de barro que somos cada uno de nosotros?» (san Josemaría). Benedicto XVI lo expresó así: «La felicidad que buscamos los seres humanos, la felicidad para la que estamos hechos y a la que aspiramos, tiene un nombre, un rostro: Jesús de Nazaret». Nuestra amistad con Cristo en la tierra culminará en el Cielo, donde ya –fuera del tiempo– nos veremos con Él cara a cara y donde ya nada ni «nadie podrá quitarnos esa alegría» (*Jn* 16, 22).

Ya vimos que los principales medios para cultivar la amistad con Jesucristo y mantenernos unidos a Él son cinco: (1) *Celebrar junto con Él* a diario la Liturgia; (2) *Recibirle,* también a diario si es posible, en la Sagrada Eucaristía; (3) *Leer y meditar,* junto con Él, el Evangelio, la Palabra eterna de Dios; (4) *Buscarle* en los demás y (5) *Buscarle* también en nuestra alma en gracia en todo momento, mientras nos ocupamos en los quehaceres habituales de cada día.

Se trata, por tanto, de vivir cercanos a Él y de conversar de continuo con Él, hagamos lo que hagamos. Jesucristo debe ser mi compañero de viaje, la Luz de mi alma, porque Él es «la Luz del mundo; y el que le sigue no andará en tinieblas, sino que tendrá la Luz de la vida» (*Jn* 8, 12). Cualquier vida vivida junto a Él –aun la más despreciada por la gente mundana– es toda alegría.

c) Cultivar la amistad con Cristo

Ahora bien, aunque deseemos y pretendamos cultivar con esmero nuestra amistad con Cristo, en el trato con Él nos ocurre lo mismo que con otros amigos íntimos: que, a veces, le olvidamos. O no le buscamos y tratamos con la suficiente frecuencia para que nuestra amistad sea una amistad actualizada, una amistad viva, continuamente renovada. Porque no basta con alcanzar y conservar las amistades. Las amistades hay que cultivarlas para que no se deterioren con el paso del tiempo. Para que en todo momento sean unas amistades actuales, reales.

¡Cuántas veces olvidamos que Jesucristo –que es Dios– está vivo ahora mismo cerca de nosotros porque no le vemos con los ojos de la carne! ¡Cuántas veces no acertamos a vivir en coherencia con esta fe que profesamos y con el amor que le tenemos! Debemos proponernos y esforzarnos a diario para vivir conscientes de que «*Dios está junto a nosotros de continuo. —Vivimos como si el Señor estuviera allá lejos, donde brillan las estrellas, y no consideramos que también está siempre a nuestro lado... Y está como un Padre amoroso —a cada uno de nosotros nos quiere más que todas las madres del mundo pueden querer a sus hijos—, ayudándonos, inspirándonos, bendiciendo... y perdonando... ¡Cuántas veces hemos hecho desarrugar el ceño de nuestros padres diciéndoles, después de una travesura: ¡ya no lo haré más! —Quizá aquel mismo día volvimos a caer de nuevo... Y nuestro padre, con fingida dureza en la voz, la cara seria, nos reprende..., a la par que se enternece su corazón, conocedor de nuestra flaqueza, pensando: pobre chico, ¡qué esfuerzos hace para portarse bien!... Preciso es que nos empapemos, que nos saturemos de que Padre y muy Padre nuestro es el Señor que está junto a nosotros y en los cielos*» (*Camino* 267).

¿Qué hacer cuando nos percatamos de que estamos viviendo distantes de Jesucristo? ¡Buscarle! ¡Buscarle de nuevo con todos los medios a nuestro alcance! Y, si fuere necesario, hasta gritarle desde el hondón de nuestra alma: «*¡Jesús! ¿Dónde estás?*». Y Él, que siempre está a la espera y siempre responde, que nos aseguró que quien pide recibe, nos dirá: «*Ya lo sabes: estoy y te espero en el Sagrario; y en los relatos evangélicos; y en el sacramento de la Reconciliación; y en los demás seres humanos. Y estoy también siempre junto a ti, muy cerca de ti, dentro de tu alma en gracia*».

No debemos olvidar nunca que Dios (en Jesús y en sus amigos cristianos) *nos mira* de continuo con infinito cariño. Y *nos escucha* siempre, aunque no le dirijamos la palabra. Y *nos habla*. Nos habla siempre. Unas veces, a través de un amigo, otras, a través de un suceso, otras, con leves susurros en el fondo del corazón. Pero, aunque se dirige a nosotros y es Dios, nunca se impone, porque ni es amigo de violencias ni pretende forzar nuestra amistad. La desea por nuestro bien, pero no hay nadie que respete más nuestra libertad que Él. Es lógico, porque Dios se hizo hombre en Jesucristo y dio su vida en la Cruz para que fuéramos libres. Bien claro lo dijo san Pablo: *«Nos liberó para ser libres»* (*Ga* 5, 1). Fue Él quien, con su vida y con su muerte, *nos ganó la libertad* sobre el pecado (que nos separa de Dios), y sobre el demonio (que pretende que vivamos distantes de Dios, en absurda y solitaria –triste– autosuficiencia), y sobre una muerte definitiva.

Cristo, que nos quiere libres y nos ofrece de continuo su amistad sin imponerse, nos libró de la muerte definitiva que tanto nos atemoriza. Y nos ganó la libertad sobre el desorden de nuestras pasiones que, con excesiva frecuencia, se rebelan dentro de nosotros y nos esclavizan. Nos esclavizan y mueven a buscar la felicidad persiguiendo ídolos de barro en este mundo. ¡Cuántas veces las pasiones nos dominan, nos distraen de Dios y nos deshumanizan! ¡Cuántas veces hacen que nos portemos como hijos bobos, rebeldes! ¡Cuántas veces nos hacen creer que nuestras decisiones y nuestras acciones (por ser nuestras) son siempre acertadas! ¡O que nuestras opiniones y opciones valen más que la voluntad manifiesta de Dios! ¡Cuánto error que nos extravía y deteriora! ¡Cuánto despiste! Por no hacer el esfuerzo de pararnos a reflexionar un poco, con demasiada frecuencia olvidamos que la vida transcurre sencilla y feliz solo para quien confía en Dios y se esfuerza por vivir cada día cercano a Él.

No hay mayor felicidad que vivir en compañía con quienes nos aman de manera *incondicional*. Y, como solo Jesucristo nos ama así, nos interesa vivir de continuo en estrecha relación con Él. Porque así será Él quien dé sentido –verdadero significado y verdadera felicidad– a todos los sucesos y situaciones de nuestro cotidiano vivir. Sucesos y situaciones que, en muchas ocasiones, no seríamos capaces de interpretar ni de disfrutar con plenitud, sin la luz que nos proporciona su amistad. No es sensato, no es de seres inteligentes, vivir distantes de Dios. De un Dios que pretende hacernos felices.

d) Un feliz comenzar y recomenzar

Ahora bien, ya hemos visto que los humanos somos frágiles e inconstantes. Y que a veces nos olvidamos de buscar a Jesús. Por tanto, para cuidar nuestra amistad con Él –para que su felicidad nos embriague siempre– hemos de *aprender y acostumbrarnos a hacer de hijos pródigos* muchas veces al día para así regresar junto a Él siempre que nos alejemos, aunque solo sea unos pocos segundos. Porque, además y paradójicamente, este retornar de continuo a Jesús –a nuestro Dios y Señor– hace que nuestra amistad con Él y nuestra felicidad mejoren de continuo. Y mejoran por dos motivos: el primero, porque al descubrir una y otra vez nuestra inconstancia, advertimos también la necesidad de vivir más apoyados en Él. El segundo, porque la contrición –el dolor por el descuido, por la falta de delicadeza o por el pecado cometido– afianza nuestra decisión de reparar, que es una forma de amar. No es buen amigo el que nunca falla, sino el que rectifica siempre que falla. San Josemaría advirtió que: *«la conversión es cosa de un instante. La santificación* –el vivir en amistad con Cristo– *es cosa de toda la vida»* (*Camino* 285).

La conversión habitual –el arrepentimiento sincero y el retorno a la amistad con Cristo siempre que sea necesario– debe ser un hábito bien arraigado en nuestra alma. Un hábito que nos mueva a volver rápidos junto a Él tras cualquier descuido (o pecado cometido) porque Dios, que «inventó el perdón», no desprecia jamás «un corazón contrito y humillado» (*Sal* 51, 19). No hay mejor devoción que un acto de contrición. Hoy, ¡ahora recomienzo mi amistad contigo, Jesús! debe ser una estrategia permanente si queremos mantener actualizada nuestra amistad con Él. Porque nuestras conductas desacertadas no lograrán disminuir jamás ni un ápice el amor que nos tiene. A Jesús le es suficiente un pequeño gesto interior –un gesto del corazón– para acudir presto y solícito en nuestra ayuda. A Jesús, como a cualquier amigo, se le gana por el corazón. Este equilibrio perfecto entre su soberanía divina y su amor incondicional cautiva a quien se percata de ello. Equilibrio perfecto –amorosa lógica divina– que no saborean y disfrutan quienes no tratan a Jesucristo.

Más aún. Solo quien tenga la experiencia de esta grata necesidad de retornar con prontitud junto a Él, cada vez que fuere necesario, podrá transmitirla con eficacia a sus amigos. Es decir, podrá ser un buen heraldo –un buen transmisor– del amor que Cristo nos tiene. Y podrá, por tanto, ayudarles para que también ellos retornen a Dios siempre que se hayan alejado de Él por cualquier motivo: «No tardes en convertirte al Señor –podremos decirnos y decir a los amigos–, no lo dilates de día en día» (*Ecl* 5, 9), porque «ahora es el tiempo favorable, ahora es el día de la salvación» (*2 Co* 6, 2) ya que no hay nada mejor en el mundo que vivir en amistad con Dios. El Papa Francisco se dice a sí mismo y nos dice a todos los cristianos: «Si algo debe inquietarnos santamente y preocupar nuestra conciencia, es que tantos hermanos nuestros vivan sin la fuerza, la luz y el consuelo de la amistad con Jesucristo».

Ayudar a los amigos a volver a Dios será muchas veces el mejor signo de amistad –el mejor servicio– que podamos prestarles. El mismo Dios que nos dice: «*Amarás a tu amigo como a ti mismo*» (*Lv* 19, 18) nos asegura que «*quien convierte a un pecador de su errado camino salvará su alma de la muerte y cubrirá la muchedumbre de sus pecados*» (*St* 5, 20). Quien no tiene un afán práctico por la salvación de las almas, quien no procura que Cristo sea conocido y amado por sus amigos, no es un buen amigo de Cristo ni un buen amigo de sus amigos.

e) Ser felices y ayudar a ser felices

Termino. Para ser felices y disfrutar con plenitud de todos los momentos de la vida solo hay un camino: vivir a diario en íntima cercanía con Cristo. Se trata de amarle y de dejarse amar por Él, de dejarle ¡que viva mi vida! ¡Que viva en mí! Porque *«estar con Cristo es estar seguro. Poder mirarse en Cristo es poder ser cada día mejor. Tratar a Cristo es necesariamente amar a Cristo. Y amar a Cristo es asegurarse la felicidad»* (san Josemaría).

Solo podemos ser plenamente felices si cultivamos la amistad con Cristo. Y, solo si somos amigos de Cristo, podremos ayudar a muchos para que también sean ellos felices al ser sus amigos. Para lograrlo habremos de aprovechar cualquier ocasión, y transmitir a nuestros amigos –hacerles partícipes– de toda la paz y de toda la alegría que nos proporciona nuestra amistad con Cristo.

Todo el apostolado cristiano es, en definitiva, la historia de las ocasiones aprovechadas. De las ocasiones que surgen sin buscarlas y de las que se buscan deliberadamente tal y como exhortaba san Pablo a Timoteo: «Predica la palabra, insiste con ocasión y sin ella» (*2 Tm* 4, 2). Además, al procurar que nuestros amigos se hagan amigos de Jesucristo, nuestra propia felicidad se incrementa al ver mejorar la de ellos.

En conclusión: a los cristianos nos conviene tener presente que «no hay mayor felicidad que ir gastando la vida unidos a Cristo en servicio de los demás».

Y que «quien persevere hasta el fin –como amigo de Jesucristo y de sus amigos–, se salvará» (*Mt* 10, 22). Y que así, tras una feliz vida terrena, seremos eterna y plenamente felices porque participaremos disfrutando –¡para siempre y ya fuera del tiempo!– de la presencia y del amor tierno –¡insuperable e inagotable!– de Dios. De un Dios que es Amor y que, para nosotros sus hijos amigos, será también: «Luz verdadera, satisfacción cumplida, gozo perdurable, dicha consumada y felicidad perfecta».

BIBLIOGRAFÍA

Alonso-Allende, Alfredo, *Ser amigos*, Eunsa, Pamplona 2010

Benedicto XVI:

—*Deus caritas est,* Carta encíclica, Palabra, Madrid 2006

—*Spe salvi,* Carta encíclica, Libreria Editrice Vaticana, Roma 2007

—*Jesús de Nazaret*, 1ª Parte, La esfera de los libros, Madrid 2007

—*Discursos de Benedicto XVI (a los jóvenes)*, Cobel Ediciones, Madrid 2010

—*Jesús de Nazaret,* 2ª Parte, Encuentro, Madrid 2011

—*La infancia de Jesús*, Planeta, Madrid 2012, Biblia de Navarra (Edición Popular): *Mt*F–Eunsa, Pamplona 2008-2009

Canals, Salvador, *Ascética Meditada*, Rialp, Madrid 1997

Catecismo de la Iglesia Católica (Compendio), Asociación de Editores del Catecismo, Madrid 2010

Fernández-Carvajal, Francisco, *Para llegar a buen puerto,* Palabra, Madrid 2010

Francisco:

—*Lumen Fidei,* Carta Encíclica, San Pablo, Madrid 2013

—*Evangelii Gaudium,* Exhortación Apostólica, Palabra, Madrid 2013

—*Mensaje para Cuaresma 2014,* Roma 2014

Guardini, Romano, *Cartas sobre la formación de sí mismo,* Palabra, Madrid 2000

Guitton, Jean, *Mi Testamento Filosófico,* Ediciones Encuentro, Madrid 2009

Hann, Scott, *La fe es razonable,* Rialp, Pamplona 2012

Lewis, C. S., *Los cuatro amores,* Rialp, Madrid 1991

Pieper, Josef, *La fe,* Rialp, Madrid 1966

San Agustín, *Obras Completas* (Edición Bilingüe): BAC, Madrid 2009

San Josemaría Escrivá:

—*Camino, Surco, Forja,* Rialp, Madrid 1996

—*Amigos de Dios,* Rialp, Madrid 1999

—*Conversaciones,* Rialp, Madrid 2002

—*Es Cristo que pasa,* Rialp, Madrid 2010

Schlatter, Antonio, *Emaús,* Palabra dBolsillo, Madrid 2013

dBolsillo

Una forma sencilla de explicar grandes cuestiones

OTROS TÍTULOS

- 828. **La oración de Jesús**
  Benedicto XVI
- 829. **Hijos conectados**
  Educar en la era digital
  Isidro Catela Marcos
  2ª edición
- 830. **Pensamientos sobre la fe**
  Benedicto XVI
- 831. **Mapa de la nueva evangelización**
  VV. AA.
- 832. **Ven y sígueme**
  José Antonio García-Prieto Segura.
- 833 **Por mí**
  834. *Me amó y se entregó a sí mismo por mí (san Pablo)*
  Ignacio Juez
- 835. **Emaús**
  Caminando con Cristo resucitado
  Antonio Schlatter
- 836. **Confesiones, de San Agustín**
  En versión reducidad por
  José Ramón Ayllón
- 837. **¿Qué significa Misericordia?**
  José Luis Mumbiela Sierra
- 838. **¿En qué consiste el Cielo?**
  Card. Angelo Amato
- 839. **Celebrar el Misterio de la fe**
  Una catequesis sobre la Misa
  Jorge Miras
- 840. **Pensamientos sobre María**
  Maximiliano Kolbe
- 841. **¿Qué planes tienes para el domingo?**
  Javier Láinez
- 842. **El secreto de la alegría**
  Sor María Leticia
- 843. **Juan XXIII**
  El Papa que trajo
  una ráfaga de aire nuevo
  Jesús Azcárate Fajarnés
- 844. **¿Por qué ayunar si no lo entiendo?**
  La práctica del ayuno y la
  abstinencia hoy en la Iglesia
  Giulio Viviani
- 845. **Para vivir la Semana Santa**
  José Antonio Abad
- 846. **San Juan Pablo II**
  Jesús Azcárate Fajarnés
- 847. **Álvaro del Portillo: el poder de la humildad**
  Prelado del Opus Dei 1941-1994
  Helena Scott - Ethel Tolansky
- 848. **¿Piensas casarte?**
  Cardenal Jorge Medina Estévez
- 849. **Pablo VI**
  Jesús Azcarete Fajarnés - Juan
  Pablo A. de Castro
- 850. **El Rosario: luz para los Misterios de la vida**
  Ignacio del Villar
- 851. **Llámale Padre**
  Cómo llegar a sentir la Paternidad divina
  Edward G. Maristany
- 852. **Amor, matrimonio y sexo**
  Ondina Vélez - Pablo Gutiérrez
- 853. **Amigos**
  Alfredo Alonso-Allende

Si desea suscribirse o recibir más información diríjase a:

www.palabra.es

Telfs.: (34) 91 350 77 20 - (34) 91 350 77 39
comercial@palabra.es